Building Basic Vocabulary

TRACKING MY PROGRESS

Robert J. Marzano

Copyright © 2018 by Marzano Resources

All rights reserved, including the right of reproduction of this book in whole or in part in any form.

555 North Morton Street
Bloomington, IN 47404
888.849.0851
FAX: 866.801.1447

email: info@MarzanoResources.com
MarzanoResources.com

Printed in the United States of America

Library of Congress Control Number: 2017906491

ISBN: 978-1-943360-17-8

Cover Designer: Rian Anderson

TABLE OF CONTENTS

Introduction ... 1
References ... 2
1. Modals ... 3
2. Relationship Markers (Concurrent Action) ... 3
3. Primary Auxiliary Verbs ... 4
4. Auxiliary Verbs ... 4
5. Relationship Markers (Addition) ... 4
6. Pronouns/Reflexive Pronouns ... 5
7. Possessive Pronouns ... 5
8. Interrogative Pronouns ... 6
9. Direction To and From ... 6
10. Cause/Effect (Relationship Markers) ... 6
11. Relative Pronouns ... 7
12. Indefinite/Interrogative Adverbs ... 7
13. Specifiers ... 7
14. Exclamations ... 8
15. Intensifiers ... 9
16. Relationship Markers ... 9
17. Directions ... 10
18. Diminishers ... 11
19. Amounts ... 11
20. Distances ... 12
21. Front/Middle/Back ... 13
22. In/Out ... 14
23. Down/Under ... 15
24. Relationship Markers (Subsequent Action) ... 15
25. Locations (Nonspecific) ... 16
26. Up/On ... 16
27. Relationship Markers (Contrast) ... 17
28. Numbers ... 18
29. Days and Months ... 20
30. Attitudinals (Lack of Truth/Doubt) ... 20
31. Attitudinals (Other) ... 21
32. Birds ... 21
33. Size and Weight ... 22
34. Indefinite Pronouns ... 22
35. Baby Animals ... 23
36. Vegetation (General) ... 23
37. Boundaries ... 24
38. Tossing and Catching ... 24
39. Ascending Motion ... 25
40. The Act of Occurring ... 25
41. Ownership/Possession ... 26
42. Contractions (Are) ... 26
43. Sadness ... 26
44. Giving and Taking ... 27

45. Fun and Joy 28	83. Time (Relative) 52
46. Choice. 28	84. Sound-Producing Devices. 53
47. Things Worn on the Head. 29	85. Contractions (Will) 53
48. Types of Meals. 30	86. Dairy Products 53
49. Location (General) 30	87. Locations Near Water. 54
50. Bodies in Space 31	88. Medical Occupations 54
51. Eating and Drinking 31	89. Losing/Winning 55
52. Periods of Time. 32	90. Nature and Weather (General) 55
53. Poems and Songs. 33	91. Rooms. 56
54. Music and Dance 33	92. Fasteners. 56
55. Caring and Trust. 34	93. Things You Travel On. 57
56. People (General Names) 34	94. Family Relationships 58
57. Color. 35	95. Insects 59
58. Importance and Value 36	96. Cooking and Eating Utensils 60
59. Speed. 36	97. Vehicles (Actions/Characteristics) 61
60. Places Related to Learning/Experimentation. . 37	98. General Names for Groups 61
61. Communication (Presentation of Information). 38	99. Dimensionality 62
62. Things Worn on the Hands/Feet 38	100. Communication (Positive Information). 63
63. Walking/Running. 39	101. Forms of Water/Liquid 64
64. Cats/Dogs. 39	102. Bodies of Water. 64
65. Land Animals (General) 40	103. Noises (General) 65
66. Coming/Going (General) 41	104. Money and Goods 66
67. Memory/Thought (General) 42	105. Communication (General) 66
68. Students and Teachers 43	106. Places Related to Protection/Incarceration . . 67
69. Emptiness and Fullness 43	107. Building and Repairing 67
70. Sea Animals 44	108. Trees/Bushes (Parts) 68
71. Writing, Drawing, and Reading. 44	109. Places Where Money and Goods Are Kept . . 69
72. Right and Wrong 45	110. Actions Helpful to Humans 69
73. Units of Measurement 46	111. Females. 70
74. Ingredients Used to Make Food. 46	112. Things to Write On/With. 70
75. Limbs 47	113. Furniture 71
76. Legs and Feet. 48	114. Areas of Land. 72
77. Movies and Plays. 48	115. Head and Face. 72
78. Temperature. 49	116. Money-Related Characteristics 73
79. Parts of a Day 49	117. Actions Related to Animals. 73
80. Throat and Mouth 50	118. Appliances 74
81. Contractions (Is). 51	119. Tools (General) 74
82. Reptiles/Mythical Animals 51	120. Vehicles (Air Transportation) 75
	121. Places to Live. 75

122. Actions Related to Money and Goods 76
123. Parts of a Home 76
124. Foods That Are Prepared. 77
125. Pants, Shirts, and Skirts. 78
126. Frequency and Duration 79
127. Water/Liquid (Related Actions) 80
128. Transportation (Types). 81
129. Clothing-Related Actions 82
130. Parts. 83
131. Grabbing and Holding 83
132. Consciousness/Unconsciousness 84
133. Soil 85
134. Linens 85
135. Looking and Perceiving. 86
136. Meats. 86
137. Intelligence. 87
138. Literature (Types). 87
139. Parks and Yards 88
140. Ears, Eyes, and Nose 88
141. Descending Motion (General) 89
142. Rectangular/Square Shapes. 89
143. Board/Other Games. 90
144. Time Measurement Devices 90
145. Coats. 91
146. Actions Related to Work 91
147. Beginning Motion 92
148. Receiving/Taking Actions 92
149. Specific Actions Done With the Hands 93
150. Contractions (Have) 93
151. Facial Expressions 93
152. Actions Associated With the Mouth 94
153. Candy and Sweets. 94
154. Learning and Teaching 95
155. Parts of Animals 96
156. Noises That People Make 96
157. Body Coverings and Marks 97
158. Recreation/Sports Equipment 98
159. Vehicles (Sea Transportation) 99
160. The Body (General) 99
161. Actions Harmful to Humans 100
162. Food-Related Actions. 100
163. Cutting Tools. 101
164. Containers 102
165. Noises That Objects Make 103
166. Mathematical Operations 103
167. Performers and Entertainers 104
168. Hills and Mountains 104
169. Lack of Motion 105
170. Descending Motion 105
171. Finding/Keeping. 106
172. Locations Where People Might Live. 106
173. Royalty and Statesmen. 107
174. Fruits. 108
175. Noises That Animals Make. 109
176. Drinks. 109
177. Questioning. 110
178. Fabrics. 111
179. Recreational Events and Festivals. 111
180. Countries and Continents 112
181. Wooden Building Materials 112
182. Pulling and Pushing. 113
183. Recreation and Sports 113
184. Giving Up / Losing 114
185. Cleanliness/Hygiene. 114
186. Attractiveness. 115
187. Physical Trait (Size) 116
188. Rodents. 116
189. Dwellings for Animals 117
190. Places Related to Sports/Entertainment. ... 117
191. Body Fluids 118
192. Vegetation (Other) 118
193. Inclination 119
194. Animals (General) 119
195. Visual Perceptions and Images 120
196. Breathing 120
197. Feeling and Striking. 121
198. Communication (Confrontation / Negative Information)................... 121

199. Angular and Circular Motions 122
200. Social and Political Groups 123
201. Money/Goods (Received) 123
202. Texture 124
203. Males 125
204. Names That Indicate Age 125
205. Names That Indicate Camaraderie/
    Friendship 126
206. Names That Indicate Negative
    Characteristics About People 126
207. Communication (Supervision/
    Commands) 127
208. Vegetables, Grains, and Nuts 128
209. Sports (Specific Types) 129
210. Places Where Goods Can Be
    Bought/Sold 130
211. Courage and Loyalty 130
212. Clothing Parts 131
213. Muscles, Bones, and Nerves 131
214. Money/Goods (Paid Out) 132
215. Completion 132
216. Shifting Motion 133
217. Fences and Ledges 133
218. Crookedness/Straightness 133
219. Alphabet and Letters 134
220. Fire 134
221. Ease and Difficulty 135
222. Tastes Related to Food 135
223. Cleaning Tools 136
224. Clothing and Grooming Accessories 136
225. Mental Exploration 137
226. Wind and Storms 138
227. Names for Spiritual/Mythological
    Characters 138
228. Goodness and Kindness 139
229. Names of People in Sports 140
230. Disease 140
231. Medicine 141
232. Hunger and Thirst 141
233. Time (General) 142

234. Parts of Vehicles 142
235. Contractions (Not) 143
236. Occupations (General) 143
237. Rocks and Jewels 144
238. Words, Phrases, and Sentences 145
239. Art 145
240. Safety and Danger 146
241. Actions Associated With the Nose 146
242. Abrasive/Cutting Actions 147
243. Lack of Value 148
244. Musical Instruments 148
245. Birth, Life, and Death 149
246. Types of Food 149
247. Joining 150
248. Publication Types 151
249. Conclusions 152
250. Destructive Actions 152
251. Building Materials (General) 153
252. Similarity 154
253. Physical Characteristics 155
254. Weapons and Explosives 155
255. Persuasion/Advice 156
256. Messages 157
257. Domains of Work 157
258. Groups of Animals and People 158
259. Metals 158
260. War and Fighting 159
261. Likelihood and Certainty 159
262. Order and Complexity 160
263. Clothing (General) 160
264. Artists and Performers 161
265. Public Officials 161
266. Religious and Clergy 162
267. Craters and Valleys 162
268. Objects/Materials Used to Cover Things . . . 163
269. Plants and Flowers 164
270. Curved and Circular Shapes 164
271. Light 165
272. Light Producers 165

#	Title	Page
273.	Cause/Effect	166
274.	Contractions (Would)	166
275.	Engines	167
276.	Electronics	167
277.	Topics and Subjects	168
278.	Pride and Confidence	168
279.	Illustrations and Drawings	169
280.	Motion (General)	169
281.	Vibration	169
282.	Jerking Motion	170
283.	Expanding Motion	170
284.	Furnishings and Decorations	171
285.	Attitudinals (Truth)	171
286.	Language Conventions	172
287.	Symptoms	172
288.	Uncleanliness and Filth	173
289.	Familiarity and Popularity	173
290.	Conformity to a Norm	174
291.	Fear	175
292.	Anger	175
293.	Desire	176
294.	Dependability and Eagerness	176
295.	Instability	177
296.	Locations For/Near Water (Manmade)	177
297.	Small Businesses	178
298.	Military/Police	178
299.	Dissimilarity	178
300.	Pursuit	179
301.	Reducing/Diminishing	179
302.	Separating	180
303.	Shapes (General Names)	180
304.	Exercise	181
305.	Actions Associated With Disease and Injury	181
306.	Dark	181
307.	Natural Catastrophes	182
308.	Jumping	182
309.	Shellfish (and Others)	183
310.	Equipment Used With Animals	183
311.	Cruelty and Meanness	184
312.	General Upset	184
313.	Doubt and Hope	185
314.	Lubricants and Fuels	185
315.	Handles	186
316.	Miscellaneous Devices	186
317.	Lack of Permanence (People)	186
318.	Vehicles (Snow)	187
319.	Titles and Names	187
320.	Rules and Laws	187
321.	Places Related to Meetings/Worship	188
322.	Opening and Closing	188
323.	Durability/Strength	189
324.	Storage Locations	189
325.	Objects (General Names)	189
326.	Bluntness/Sharpness	190
327.	Things That Are Commonly Measured	190
328.	Lack of Popularity/Familiarity	190
329.	Growth and Survival	190
330.	Size of People	191
331.	Vehicles (Work-Related)	191
332.	Independence and Freedom	191
333.	Writers and Reporters	191
334.	People Who Clean Up	192
335.	Places Related to Transportation	192
336.	Organs	192
337.	Characteristics of Rocks/Soil	193
338.	Halting Actions	193
339.	Kicking Actions	193
340.	Mathematical Quantities	194
341.	Primates	194
342.	Linking Verbs	194
343.	Names That Indicate Permanence for People	195
344.	Names That Indicate Fame	195
345.	Communication (Information Previously Withheld)	195
346.	Recording/Translating Information	196
347.	Interest	196

348. Procedures and Processes... 196
349. Beliefs... 197
350. Shyness... 197
351. Dishonesty... 197
352. Equipment Used With Water/Liquid... 198
353. Moisture... 198
354. Characteristics Related to Clothes / Wearing of Clothes... 198
355. Assistants and Supervisors... 199
356. Occupations Usually Held by Youth... 199
357. Discoverers and Scientists... 199
358. Occupations Associated With Imprisonment/Slavery... 200
359. Construction and Repairmen... 200
360. Legal Professions... 200
361. Servants... 201
362. Woodlands and Forests... 201
363. Pastures and Fields... 201
364. Structures That Are Manmade... 202
365. Factories, Mills, and Offices... 202
366. Ranches and Farms... 202
367. Packing and Wrapping... 202
368. Failure and Success... 203
369. Attitudinals (Fortunate/Unfortunate)... 203
370. Magic... 203
371. Disabilities and Diseases... 204
372. Actions Related to Light... 204
373. Actions Related to Measurement... 205
374. Devices Used for Measurement... 205
375. Characteristics Associated With Weather... 205
376. Products of Fire... 205
377. Chemicals... 206
378. Guilt and Worry... 206
379. Irritability... 206
380. Excitement and Attention... 207
381. General Human Traits... 207
382. Experience/Expertise... 208
383. Promises... 208
384. Definition/Meaning... 208

385. Lack of Initiative... 209
386. Luck and Success... 209
387. Stubbornness and Strictness... 209
388. Spirituality... 209
389. Caution... 210
390. Geometric Planes... 210
391. Water-Related Directions... 211
392. Food Service Occupations... 211
393. Messengers... 211
394. Occupations Associated With the Outdoors... 211
395. People Who Buy and Sell... 212
396. People Who Work in Offices... 212
397. Occupations Associated With Transportation... 213
398. Characteristics of Places... 213
399. Medical Facilities... 213
400. Monuments... 214
401. Business and Social Groups... 214
402. Actions Associated With Crops/Soil... 214
403. Force... 215
404. Germs and Genes... 215
405. Clarity... 215
406. Clouds... 216
407. Neatness/Sloppiness... 216
408. Creeping/Lurking Actions... 216
409. Standing/Stationary... 217
410. Branches of Mathematics... 217
411. Semi-Auxiliary Verbs... 217
412. Events and Dates (General)... 218
413. Political Events... 218
414. Products Associated With Fire... 218
415. Paint... 219
416. Actions Related to Fear... 219
417. Envy and Jealousy... 219
418. Electricity and Magnetism... 220
419. Machines... 220
420. Vision-Related Equipment... 220

INTRODUCTION

Building Basic Vocabulary: Tracking My Progress is designed to accompany Marzano Resources' *Building Basic Vocabulary*, a web-based tool focused on the 2,845 basic terms (organized into 420 clusters) from *Teaching Basic, Advanced, and Academic Vocabulary: A Comprehensive Framework for Elementary Instruction* (Marzano, 2020). The online interface includes four components that are designed to be used in combination with this book:

1. An assessment to determine the cluster at which a student should begin.
2. A printable activity packet for each cluster.
3. A short video for each cluster featuring its basic terms.
4. A search function to locate the cluster of any basic term.

The purpose of this book is to allow students to track their level of understanding for the 2,845 basic terms and the 2,889 challenge words featured in *Building Basic Vocabulary*. In the following pages, the basic terms and challenge words are listed by cluster. Next to each term is a four-point scale. Students can use the following descriptors to rate their level of understanding for each term.

Scale for Self-Evaluation of Understanding of Terms

Understanding Level	Descriptor
4	I understand even more about the term than I was taught.
3	I understand the term and I'm not confused about any part of what it means.
2	I'm a little uncertain about what the term means, but I have a general idea.
1	I'm very uncertain about the term. I really don't understand what it means.

Adapted from Marzano & Pickering, 2005.

Finally, there is space next to each term for students to jot down a few notes or draw a simple picture to help them remember what the term means.

References

Marzano, R. J. (2020). *Teaching basic, advanced, and academic vocabulary: A comprehensive framework for elementary instruction*. Bloomington, IN: Marzano Resources.

Marzano, R. J., & Pickering, D. J. (2005). *Building academic vocabulary: Teacher's manual*. Alexandria, VA: ASCD.

1. Modals

can	4 3 2 1		cannot	4 3 2 1	
could	4 3 2 1		may	4 3 2 1	
might	4 3 2 1		must	4 3 2 1	
shall	4 3 2 1		should	4 3 2 1	
will	4 3 2 1		would	4 3 2 1	
CHALLENGE WORDS					
ought	4 3 2 1		used to	4 3 2 1	

2. Relationship Markers (Concurrent Action)

as	4 3 2 1		at	4 3 2 1	
during	4 3 2 1		now	4 3 2 1	
of	4 3 2 1		on	4 3 2 1	
together	4 3 2 1		when	4 3 2 1	
while	4 3 2 1				
CHALLENGE WORDS					
at the same time	4 3 2 1		at this point	4 3 2 1	
concurrently	4 3 2 1		in the meantime	4 3 2 1	
meanwhile	4 3 2 1		nowadays	4 3 2 1	
simultaneously	4 3 2 1				

3. Primary Auxiliary Verbs

did	4 3 2 1		do	4 3 2 1	
does	4 3 2 1		doing	4 3 2 1	
done	4 3 2 1		had	4 3 2 1	
has	4 3 2 1		have	4 3 2 1	

4. Auxiliary Verbs

am	4 3 2 1		are	4 3 2 1	
be	4 3 2 1		been	4 3 2 1	
is	4 3 2 1		was	4 3 2 1	
were	4 3 2 1		being	4 3 2 1	

5. Relationship Markers (Addition)

and	4 3 2 1		of	4 3 2 1	
too	4 3 2 1		with	4 3 2 1	

CHALLENGE WORDS					
as well	4 3 2 1		as well as	4 3 2 1	
further	4 3 2 1		in addition	4 3 2 1	
likewise	4 3 2 1		moreover	4 3 2 1	
namely	4 3 2 1				

6. Pronouns/Reflexive Pronouns

he	4 3 2 1		him	4 3 2 1	
I	4 3 2 1		me	4 3 2 1	
it	4 3 2 1		myself	4 3 2 1	
her	4 3 2 1		she	4 3 2 1	
them	4 3 2 1		they	4 3 2 1	
us	4 3 2 1		we	4 3 2 1	
you	4 3 2 1				
CHALLENGE WORDS					
herself	4 3 2 1		himself	4 3 2 1	
itself	4 3 2 1		yourself	4 3 2 1	

7. Possessive Pronouns

her	4 3 2 1		hers	4 3 2 1	
its	4 3 2 1		mine	4 3 2 1	
my	4 3 2 1		his	4 3 2 1	
our	4 3 2 1		ours	4 3 2 1	
their	4 3 2 1		theirs	4 3 2 1	
your	4 3 2 1		yours	4 3 2 1	

8. Interrogative Pronouns

what	4 3 2 1		when	4 3 2 1	
where	4 3 2 1		which	4 3 2 1	
CHALLENGE WORDS					
whichever	4 3 2 1				

9. Direction To and From

at	4 3 2 1		from	4 3 2 1	
to	4 3 2 1				
CHALLENGE WORDS					
bound for	4 3 2 1		hither	4 3 2 1	

10. Cause/Effect (Relationship Markers)

because	4 3 2 1		by	4 3 2 1	
for	4 3 2 1		from	4 3 2 1	
if	4 3 2 1		since	4 3 2 1	
so	4 3 2 1		then	4 3 2 1	
to	4 3 2 1		because of	4 3 2 1	
CHALLENGE WORDS					
if only	4 3 2 1		if . . . then	4 3 2 1	

11. Relative Pronouns

that	4 3 2 1		which	4 3 2 1	
who	4 3 2 1				
CHALLENGE WORDS					
whom	4 3 2 1				

12. Indefinite/Interrogative Adverbs

how	4 3 2 1		why	4 3 2 1	
CHALLENGE WORDS					
somehow	4 3 2 1		someway	4 3 2 1	
whenever	4 3 2 1		wherever	4 3 2 1	

13. Specifiers

a	4 3 2 1		an	4 3 2 1	
each	4 3 2 1		every	4 3 2 1	
no	4 3 2 1		that	4 3 2 1	
the	4 3 2 1		these	4 3 2 1	
this	4 3 2 1		those	4 3 2 1	
either	4 3 2 1				

14. Exclamations

ah	4 3 2 1		aha	4 3 2 1	
bye	4 3 2 1		gee	4 3 2 1	
good-bye	4 3 2 1		ha	4 3 2 1	
hello	4 3 2 1		hey	4 3 2 1	
hi	4 3 2 1		ho	4 3 2 1	
maybe	4 3 2 1		no	4 3 2 1	
oh	4 3 2 1		OK	4 3 2 1	
okay	4 3 2 1		ooh	4 3 2 1	
yes	4 3 2 1		good night	4 3 2 1	
wow	4 3 2 1				
CHALLENGE WORDS					
alas	4 3 2 1		beware	4 3 2 1	
bravo	4 3 2 1		farewell	4 3 2 1	
howdy	4 3 2 1		hurrah	4 3 2 1	
ugh	4 3 2 1				

15. Intensifiers

more	4 3 2 1		most	4 3 2 1	
much	4 3 2 1		so	4 3 2 1	
such	4 3 2 1		sure	4 3 2 1	
too	4 3 2 1		very	4 3 2 1	
well	4 3 2 1		badly	4 3 2 1	
CHALLENGE WORDS					
absolute(ly)	4 3 2 1		altogether	4 3 2 1	
completely	4 3 2 1		deeply	4 3 2 1	
extreme	4 3 2 1		highly	4 3 2 1	
intense	4 3 2 1		perfectly	4 3 2 1	
quite	4 3 2 1		totally	4 3 2 1	

16. Relationship Markers

already	4 3 2 1		early	4 3 2 1	
fresh	4 3 2 1		new	4 3 2 1	
ready	4 3 2 1		since	4 3 2 1	
young	4 3 2 1		ago	4 3 2 1	
lately	4 3 2 1				

continued →

CHALLENGE WORDS					
as yet	4 3 2 1		at first	4 3 2 1	
before now	4 3 2 1		before that	4 3 2 1	
current	4 3 2 1		due	4 3 2 1	
former	4 3 2 1		initial	4 3 2 1	
modern	4 3 2 1		now that	4 3 2 1	

17. Directions

left	4 3 2 1		right	4 3 2 1	
east	4 3 2 1		north	4 3 2 1	
south	4 3 2 1		west	4 3 2 1	
CHALLENGE WORDS					
midwest	4 3 2 1		northeast	4 3 2 1	
northeastern	4 3 2 1		northern	4 3 2 1	
northwest	4 3 2 1		southeast	4 3 2 1	
southeastern	4 3 2 1		southern	4 3 2 1	
southwest	4 3 2 1				

18. Diminishers

almost	4 3 2 1		enough	4 3 2 1	
just	4 3 2 1		only	4 3 2 1	
hardly	4 3 2 1		alone	4 3 2 1	
mostly	4 3 2 1		nearly	4 3 2 1	
simply	4 3 2 1				
CHALLENGE WORDS					
a bit	4 3 2 1		adequate	4 3 2 1	
a little	4 3 2 1		as good as	4 3 2 1	
at least	4 3 2 1		barely	4 3 2 1	
kind of	4 3 2 1		mainly	4 3 2 1	
more or less	4 3 2 1		practically	4 3 2 1	

19. Amounts

all	4 3 2 1		another	4 3 2 1	
both	4 3 2 1		few	4 3 2 1	
half	4 3 2 1		less	4 3 2 1	
little	4 3 2 1		lot	4 3 2 1	
many	4 3 2 1		more	4 3 2 1	

continued →

most	4 3 2 1		none	4 3 2 1	
only	4 3 2 1		other	4 3 2 1	
pair	4 3 2 1		two	4 3 2 1	
whole	4 3 2 1		amount	4 3 2 1	
couple	4 3 2 1		extra	4 3 2 1	
plenty	4 3 2 1		several	4 3 2 1	
single	4 3 2 1		twice	4 3 2 1	
CHALLENGE WORDS					
additional	4 3 2 1		capacity	4 3 2 1	
decrease	4 3 2 1		entire	4 3 2 1	
excess	4 3 2 1		increase	4 3 2 1	
lack	4 3 2 1		least	4 3 2 1	
quantity	4 3 2 1		remainder	4 3 2 1	

20. Distances

along	4 3 2 1		away	4 3 2 1	
beside	4 3 2 1		between	4 3 2 1	
by	4 3 2 1		close	4 3 2 1	

far	4 3 2 1		near	4 3 2 1	
past	4 3 2 1		toward	4 3 2 1	
apart	4 3 2 1		aside	4 3 2 1	
beyond	4 3 2 1		nearby	4 3 2 1	
opposite	4 3 2 1		outer	4 3 2 1	
CHALLENGE WORDS					
abreast	4 3 2 1		abroad	4 3 2 1	
closeness	4 3 2 1		contact	4 3 2 1	
distant	4 3 2 1		homeward	4 3 2 1	
local	4 3 2 1		overseas	4 3 2 1	
remote	4 3 2 1		yonder	4 3 2 1	

21. Front/Middle/Back

ahead	4 3 2 1		back	4 3 2 1	
ahead of	4 3 2 1		behind	4 3 2 1	
end	4 3 2 1		forward	4 3 2 1	
center	4 3 2 1		last	4 3 2 1	
front	4 3 2 1		middle	4 3 2 1	

continued →

rear	4 3 2 1		among	4 3 2 1	
backward	4 3 2 1		backwards	4 3 2 1	
CHALLENGE WORDS					
background	4 3 2 1		central	4 3 2 1	
core	4 3 2 1		fore	4 3 2 1	
forth	4 3 2 1		hind	4 3 2 1	
intermediate	4 3 2 1		medium	4 3 2 1	
midst	4 3 2 1		midway	4 3 2 1	

22. In/Out

across	4 3 2 1		in	4 3 2 1	
inside	4 3 2 1		into	4 3 2 1	
out	4 3 2 1		outside	4 3 2 1	
through	4 3 2 1		enter	4 3 2 1	
outdoors	4 3 2 1		indoor	4 3 2 1	
indoors	4 3 2 1		throughout	4 3 2 1	
within	4 3 2 1				
CHALLENGE WORDS					
embark	4 3 2 1		exterior	4 3 2 1	
external	4 3 2 1		inland	4 3 2 1	

inner	4 3 2 1		interior	4 3 2 1	
internal	4 3 2 1		inward	4 3 2 1	
outward	4 3 2 1		overboard	4 3 2 1	

23. Down/Under

below	4 3 2 1		bottom	4 3 2 1	
down	4 3 2 1		low	4 3 2 1	
under	4 3 2 1		beneath	4 3 2 1	
underneath	4 3 2 1		downhill	4 3 2 1	
downstairs	4 3 2 1		downward	4 3 2 1	
CHALLENGE WORDS					
downwind	4 3 2 1		underfoot	4 3 2 1	
underground	4 3 2 1		undergrowth	4 3 2 1	

24. Relationship Markers (Subsequent Action)

before	4 3 2 1		late	4 3 2 1	
next	4 3 2 1		soon	4 3 2 1	
then	4 3 2 1		until	4 3 2 1	
afterward	4 3 2 1		afterwards	4 3 2 1	
later	4 3 2 1		latter	4 3 2 1	

continued →

CHALLENGE WORDS					
after that	4 3 2 1		eventual	4 3 2 1	
henceforth	4 3 2 1		hereafter	4 3 2 1	
in the end	4 3 2 1		tardy	4 3 2 1	

25. Locations (Nonspecific)

here	4 3 2 1		there	4 3 2 1	
where	4 3 2 1		nowhere	4 3 2 1	
somewhere	4 3 2 1		anywhere	4 3 2 1	
someplace	4 3 2 1				
CHALLENGE WORDS					
all over	4 3 2 1		elsewhere	4 3 2 1	

26. Up/On

above	4 3 2 1		high	4 3 2 1	
off	4 3 2 1		on	4 3 2 1	
over	4 3 2 1		tip	4 3 2 1	
top	4 3 2 1		up	4 3 2 1	
onto	4 3 2 1		upon	4 3 2 1	
abroad	4 3 2 1		overhead	4 3 2 1	

upright	4 3 2 1		upside down	4 3 2 1	
upstairs	4 3 2 1		upward	4 3 2 1	
CHALLENGE WORDS					
atop	4 3 2 1		peak	4 3 2 1	
pinnacle	4 3 2 1		summit	4 3 2 1	
upland	4 3 2 1		upper	4 3 2 1	

27. Relationship Markers (Contrast)

but	4 3 2 1		else	4 3 2 1	
not	4 3 2 1		or	4 3 2 1	
still	4 3 2 1		than	4 3 2 1	
without	4 3 2 1		yet	4 3 2 1	
against	4 3 2 1		compare	4 3 2 1	
either	4 3 2 1		except	4 3 2 1	
instead	4 3 2 1		neither	4 3 2 1	
unless	4 3 2 1		whether	4 3 2 1	
CHALLENGE WORDS					
although	4 3 2 1		anyway	4 3 2 1	
despite	4 3 2 1		however	4 3 2 1	

continued →

nonetheless	4 3 2 1		on the other hand	4 3 2 1	
otherwise	4 3 2 1		regardless of	4 3 2 1	
though	4 3 2 1		versus	4 3 2 1	

28. Numbers

zero	4 3 2 1		one	4 3 2 1	
two	4 3 2 1		three	4 3 2 1	
four	4 3 2 1		five	4 3 2 1	
six	4 3 2 1		seven	4 3 2 1	
eight	4 3 2 1		nine	4 3 2 1	
ten	4 3 2 1		eleven	4 3 2 1	
twelve	4 3 2 1		thirteen	4 3 2 1	
fourteen	4 3 2 1		fifteen	4 3 2 1	
sixteen	4 3 2 1		seventeen	4 3 2 1	
eighteen	4 3 2 1		nineteen	4 3 2 1	
twenty	4 3 2 1		thirty	4 3 2 1	
forty	4 3 2 1		fifty	4 3 2 1	
sixty	4 3 2 1		seventy	4 3 2 1	

eighty	4 3 2 1		ninety	4 3 2 1	
hundred	4 3 2 1		thousand	4 3 2 1	
million	4 3 2 1		billion	4 3 2 1	
first	4 3 2 1		second	4 3 2 1	
third	4 3 2 1		fourth	4 3 2 1	
fifth	4 3 2 1		sixth	4 3 2 1	
seventh	4 3 2 1		eighth	4 3 2 1	
ninth	4 3 2 1		tenth	4 3 2 1	
number	4 3 2 1		numeral	4 3 2 1	
decimal	4 3 2 1		dozen	4 3 2 1	
CHALLENGE WORDS				
data	4 3 2 1		digit	4 3 2 1	
integer	4 3 2 1		sixtieth	4 3 2 1	
thirteenth	4 3 2 1		thousandth	4 3 2 1	
triple	4 3 2 1		twelfth	4 3 2 1	
twentieth	4 3 2 1				

29. Days and Months

January	4 3 2 1		February	4 3 2 1	
March	4 3 2 1		April	4 3 2 1	
May	4 3 2 1		June	4 3 2 1	
July	4 3 2 1		August	4 3 2 1	
September	4 3 2 1		October	4 3 2 1	
November	4 3 2 1		December	4 3 2 1	
Sunday	4 3 2 1		Monday	4 3 2 1	
Tuesday	4 3 2 1		Wednesday	4 3 2 1	
Thursday	4 3 2 1		Friday	4 3 2 1	
Saturday	4 3 2 1				

30. Attitudinals (Lack of Truth/Doubt)

maybe	4 3 2 1		possibly	4 3 2 1	
CHALLENGE WORDS					
allegedly	4 3 2 1		perhaps	4 3 2 1	
seemingly	4 3 2 1		supposedly	4 3 2 1	

31. Attitudinals (Other)

hopefully	4 3 2 1		please	4 3 2 1
CHALLENGE WORDS				
preferably	4 3 2 1			

32. Birds

bird	4 3 2 1		chicken	4 3 2 1
crow	4 3 2 1		duck	4 3 2 1
eagle	4 3 2 1		fowl	4 3 2 1
goose	4 3 2 1		hen	4 3 2 1
jay	4 3 2 1		owl	4 3 2 1
parrot	4 3 2 1		robin	4 3 2 1
rooster	4 3 2 1		turkey	4 3 2 1
CHALLENGE WORDS				
bluebird	4 3 2 1		canary	4 3 2 1
dove	4 3 2 1		heron	4 3 2 1
hummingbird	4 3 2 1		ostrich	4 3 2 1
penguin	4 3 2 1		pigeon	4 3 2 1
seagull	4 3 2 1		swan	4 3 2 1

33. Size and Weight

big	4 3 2 1		giant	4 3 2 1	
great	4 3 2 1		huge	4 3 2 1	
large	4 3 2 1		little	4 3 2 1	
small	4 3 2 1		tiny	4 3 2 1	
enormous	4 3 2 1		gigantic	4 3 2 1	
jumbo	4 3 2 1				
		CHALLENGE WORDS			
bulk	4 3 2 1		compact	4 3 2 1	
grand	4 3 2 1		massive	4 3 2 1	
medium	4 3 2 1		miniature	4 3 2 1	
monstrous	4 3 2 1		petite	4 3 2 1	
vast	4 3 2 1				

34. Indefinite Pronouns

any	4 3 2 1		each	4 3 2 1	
enough	4 3 2 1		nothing	4 3 2 1	
some	4 3 2 1		nobody	4 3 2 1	
no one	4 3 2 1		anybody	4 3 2 1	

anyone	4 3 2 1		anything	4 3 2 1	
somebody	4 3 2 1		someone	4 3 2 1	
something	4 3 2 1				
CHALLENGE WORDS					
whoever	4 3 2 1				

35. Baby Animals

bunny	4 3 2 1		calf	4 3 2 1	
cub	4 3 2 1		kitten	4 3 2 1	
pup	4 3 2 1		puppy	4 3 2 1	
tadpole	4 3 2 1				
CHALLENGE WORDS					
chick	4 3 2 1		colt	4 3 2 1	
fawn	4 3 2 1				

36. Vegetation (General)

bush	4 3 2 1		flower	4 3 2 1	
plant	4 3 2 1		tree	4 3 2 1	
vegetation	4 3 2 1		weed	4 3 2 1	

continued →

CHALLENGE WORDS					
arbor	4 3 2 1		flora	4 3 2 1	
oasis	4 3 2 1		photosynthesis	4 3 2 1	
shrub	4 3 2 1		underbrush	4 3 2 1	

37. Boundaries

corner	4 3 2 1		edge	4 3 2 1	
limit	4 3 2 1		margin	4 3 2 1	
side	4 3 2 1				
CHALLENGE WORDS					
border	4 3 2 1		bounds	4 3 2 1	
brim	4 3 2 1		brink	4 3 2 1	
flank	4 3 2 1		horizon	4 3 2 1	
perimeter	4 3 2 1		ridge	4 3 2 1	
rim	4 3 2 1		verge	4 3 2 1	

38. Tossing and Catching

catch	4 3 2 1		pass	4 3 2 1	
throw	4 3 2 1		toss	4 3 2 1	
CHALLENGE WORDS					
cast	4 3 2 1		chuck	4 3 2 1	

flick	4 3 2 1		fling	4 3 2 1	
flip	4 3 2 1		heave	4 3 2 1	
hurl	4 3 2 1		pitch	4 3 2 1	
snag	4 3 2 1		thrust	4 3 2 1	

39. Ascending Motion

climb	4 3 2 1		lift	4 3 2 1	
raise	4 3 2 1		order	4 3 2 1	
rank	4 3 2 1		rise	4 3 2 1	
CHALLENGE WORDS					
arise	4 3 2 1		ascend	4 3 2 1	
blast-off	4 3 2 1		elevate	4 3 2 1	
hoist	4 3 2 1		load	4 3 2 1	
mount	4 3 2 1		pry	4 3 2 1	
rate	4 3 2 1				

40. The Act of Occurring

do	4 3 2 1		use	4 3 2 1	
happen	4 3 2 1		occur	4 3 2 1	

continued →

CHALLENGE WORDS					
apply	4 3 2 1		commit	4 3 2 1	
function	4 3 2 1		react	4 3 2 1	
reaction	4 3 2 1		undergo	4 3 2 1	

41. Ownership/Possession

have	4 3 2 1		belong	4 3 2 1	
own	4 3 2 1		possess	4 3 2 1	
CHALLENGE WORDS					
custody	4 3 2 1		heirloom	4 3 2 1	
maintain	4 3 2 1		monopoly	4 3 2 1	
occupy	4 3 2 1		ownership	4 3 2 1	
possession	4 3 2 1		property	4 3 2 1	

42. Contractions (Are)

they're	4 3 2 1		we're	4 3 2 1	
you're	4 3 2 1				

43. Sadness

sad	4 3 2 1		sorry	4 3 2 1	
unhappy	4 3 2 1				

CHALLENGE WORDS						
dismay	4 3 2 1		gloom	4 3 2 1	
grief	4 3 2 1		heartache	4 3 2 1	
loneliness	4 3 2 1		misery	4 3 2 1	
sorrow	4 3 2 1		suffer	4 3 2 1	

44. Giving and Taking

bring	4 3 2 1		carry	4 3 2 1	
deliver	4 3 2 1		get	4 3 2 1	
give	4 3 2 1		mail	4 3 2 1	
move	4 3 2 1		place	4 3 2 1	
present	4 3 2 1		put	4 3 2 1	
return	4 3 2 1		send	4 3 2 1	
set	4 3 2 1		take	4 3 2 1	
bear	4 3 2 1		remove	4 3 2 1	
CHALLENGE WORDS					
deposit	4 3 2 1		eliminate	4 3 2 1	
export	4 3 2 1		fetch	4 3 2 1	
import	4 3 2 1		provide	4 3 2 1	

continued →

rid	4 3 2 1		ship	4 3 2 1	
supply	4 3 2 1		transfer	4 3 2 1	

45. Fun and Joy

fun	4 3 2 1		glad	4 3 2 1	
happy	4 3 2 1		joke	4 3 2 1	
jolly	4 3 2 1		joy	4 3 2 1	
merry	4 3 2 1		play	4 3 2 1	
please	4 3 2 1		silly	4 3 2 1	
celebrate	4 3 2 1		happiness	4 3 2 1	
humor	4 3 2 1		joyful	4 3 2 1	
CHALLENGE WORDS					
amuse	4 3 2 1		cheerful	4 3 2 1	
delight	4 3 2 1		entertain	4 3 2 1	
glee	4 3 2 1		pamper	4 3 2 1	
playful	4 3 2 1		pleasure	4 3 2 1	

46. Choice

choice	4 3 2 1		choose	4 3 2 1	
decide	4 3 2 1		judge	4 3 2 1	

pick	4 3 2 1		select	4 3 2 1	
appoint	4 3 2 1		sort	4 3 2 1	
CHALLENGE WORDS					
assign	4 3 2 1		decision	4 3 2 1	
dedicate	4 3 2 1		discriminate	4 3 2 1	
judgment	4 3 2 1		verdict	4 3 2 1	
weed	4 3 2 1				

47. Things Worn on the Head

cap	4 3 2 1		glasses	4 3 2 1	
hat	4 3 2 1		helmet	4 3 2 1	
hood	4 3 2 1		mask	4 3 2 1	
sunglasses	4 3 2 1		crown	4 3 2 1	
CHALLENGE WORDS					
beret	4 3 2 1		bonnet	4 3 2 1	
goggles	4 3 2 1		headdress	4 3 2 1	
spectacles	4 3 2 1		tiara	4 3 2 1	
turban	4 3 2 1		veil	4 3 2 1	
visor	4 3 2 1				

48. Types of Meals

breakfast	4 3 2 1		dinner	4 3 2 1	
lunch	4 3 2 1		meal	4 3 2 1	
picnic	4 3 2 1		supper	4 3 2 1	
treat	4 3 2 1		dessert	4 3 2 1	
		CHALLENGE WORDS			
banquet	4 3 2 1		buffet	4 3 2 1	
chow	4 3 2 1		feast	4 3 2 1	
refreshment	4 3 2 1				

49. Location (General)

address	4 3 2 1		direction	4 3 2 1	
place	4 3 2 1		point	4 3 2 1	
position	4 3 2 1		spot	4 3 2 1	
location	4 3 2 1				
		CHALLENGE WORDS			
altitude	4 3 2 1		axis	4 3 2 1	
destination	4 3 2 1		distance	4 3 2 1	
niche	4 3 2 1		whereabouts	4 3 2 1	

50. Bodies in Space

moon	4 3 2 1		sky	4 3 2 1	
star	4 3 2 1		sun	4 3 2 1	
universe	4 3 2 1		world	4 3 2 1	
meteor	4 3 2 1		planet	4 3 2 1	
space	4 3 2 1				
CHALLENGE WORDS					
asteroid	4 3 2 1		celestial	4 3 2 1	
comet	4 3 2 1		constellation	4 3 2 1	
eclipse	4 3 2 1		galaxy	4 3 2 1	
globe	4 3 2 1		lunar	4 3 2 1	
satellite	4 3 2 1		solar	4 3 2 1	

51. Eating and Drinking

bite	4 3 2 1		drink	4 3 2 1	
eat	4 3 2 1		feed	4 3 2 1	
sip	4 3 2 1		swallow	4 3 2 1	
chew	4 3 2 1				

continued →

CHALLENGE WORDS					
consume	4 3 2 1		devour	4 3 2 1	
dine	4 3 2 1		gargle	4 3 2 1	
gnaw	4 3 2 1		gorge	4 3 2 1	
guzzle	4 3 2 1		munch	4 3 2 1	
nibble	4 3 2 1				

52. Periods of Time

age	4 3 2 1		fall	4 3 2 1	
month	4 3 2 1		season	4 3 2 1	
summer	4 3 2 1		week	4 3 2 1	
weekend	4 3 2 1		winter	4 3 2 1	
year	4 3 2 1		century	4 3 2 1	
decade	4 3 2 1		generation	4 3 2 1	
spring	4 3 2 1		weekday	4 3 2 1	
CHALLENGE WORDS					
autumn	4 3 2 1		cycle	4 3 2 1	
duration	4 3 2 1		interval	4 3 2 1	
millennium	4 3 2 1		perennial	4 3 2 1	

period	4 3 2 1		semester	4 3 2 1	
term	4 3 2 1				

53. Poems and Songs

lullaby	4 3 2 1		music	4 3 2 1	
poem	4 3 2 1		rhyme	4 3 2 1	
song	4 3 2 1		hymn	4 3 2 1	
CHALLENGE WORDS					
ballad	4 3 2 1		carol	4 3 2 1	
ditty	4 3 2 1		limerick	4 3 2 1	
lyric	4 3 2 1		measure	4 3 2 1	
meter	4 3 2 1		stanza	4 3 2 1	

54. Music and Dance

dance	4 3 2 1		music	4 3 2 1	
ballet	4 3 2 1		melody	4 3 2 1	
orchestra	4 3 2 1		solo	4 3 2 1	
CHALLENGE WORDS					
concert	4 3 2 1		duet	4 3 2 1	
jazz	4 3 2 1		musical	4 3 2 1	

continued →

opera	4 3 2 1		pantomime	4 3 2 1	
tune	4 3 2 1		waltz	4 3 2 1	

55. Caring and Trust

believe	4 3 2 1		care	4 3 2 1	
enjoy	4 3 2 1		like	4 3 2 1	
love	4 3 2 1		forgive	4 3 2 1	
want	4 3 2 1				
CHALLENGE WORDS					
admire	4 3 2 1		affection	4 3 2 1	
appreciate	4 3 2 1		approve	4 3 2 1	
depend	4 3 2 1		gratitude	4 3 2 1	
prefer	4 3 2 1		regret	4 3 2 1	
respect	4 3 2 1		value	4 3 2 1	

56. People (General Names)

human	4 3 2 1		individual	4 3 2 1	
people	4 3 2 1		person	4 3 2 1	
hero	4 3 2 1		self	4 3 2 1	

CHALLENGE WORDS					
being	4 3 2 1		character	4 3 2 1	
folk	4 3 2 1		heroine	4 3 2 1	
highness	4 3 2 1		mankind	4 3 2 1	

57. Color

black	4 3 2 1		blue	4 3 2 1	
brown	4 3 2 1		color	4 3 2 1	
gold	4 3 2 1		gray	4 3 2 1	
green	4 3 2 1		orange	4 3 2 1	
pink	4 3 2 1		purple	4 3 2 1	
red	4 3 2 1		white	4 3 2 1	
yellow	4 3 2 1		blonde	4 3 2 1	
colorful	4 3 2 1		silver	4 3 2 1	
CHALLENGE WORDS					
brunette	4 3 2 1		crimson	4 3 2 1	
hazel	4 3 2 1		indigo	4 3 2 1	
iridescent	4 3 2 1		maroon	4 3 2 1	
tangerine	4 3 2 1		taupe	4 3 2 1	
tawny	4 3 2 1				

58. Importance and Value

best	4 3 2 1		better	4 3 2 1	
dear	4 3 2 1		fine	4 3 2 1	
good	4 3 2 1		important	4 3 2 1	
perfect	4 3 2 1		outstanding	4 3 2 1	
super	4 3 2 1		useful	4 3 2 1	
CHALLENGE WORDS					
absolute	4 3 2 1		basic	4 3 2 1	
crucial	4 3 2 1		essential	4 3 2 1	
excellent	4 3 2 1		impressive	4 3 2 1	
main	4 3 2 1		major	4 3 2 1	
necessary	4 3 2 1		value	4 3 2 1	

59. Speed

fast	4 3 2 1		hurry	4 3 2 1	
quick	4 3 2 1		race	4 3 2 1	
rush	4 3 2 1		slow	4 3 2 1	
speed	4 3 2 1		sudden	4 3 2 1	
dash	4 3 2 1		slowdown	4 3 2 1	

CHALLENGE WORDS					
abrupt	4 3 2 1		automatic	4 3 2 1	
automatically	4 3 2 1		brief	4 3 2 1	
brisk	4 3 2 1		bustle	4 3 2 1	
charge	4 3 2 1		decelerate	4 3 2 1	
fuss	4 3 2 1		gradual	4 3 2 1	

60. Places Related to Learning/Experimentation

kindergarten	4 3 2 1		library	4 3 2 1	
museum	4 3 2 1		school	4 3 2 1	
classroom	4 3 2 1		schoolroom	4 3 2 1	
CHALLENGE WORDS					
academy	4 3 2 1		campus	4 3 2 1	
college	4 3 2 1		gallery	4 3 2 1	
lab	4 3 2 1		laboratory	4 3 2 1	
planetarium	4 3 2 1		schoolhouse	4 3 2 1	
seminary	4 3 2 1		university	4 3 2 1	

61. Communication (Presentation of Information)

describe	4 3 2 1		explain	4 3 2 1	
present	4 3 2 1		say	4 3 2 1	
state	4 3 2 1		tell	4 3 2 1	
brag	4 3 2 1		inform	4 3 2 1	
mention	4 3 2 1		recite	4 3 2 1	
		CHALLENGE WORDS			
announce	4 3 2 1		boast	4 3 2 1	
claim	4 3 2 1		clarify	4 3 2 1	
demonstrate	4 3 2 1		express	4 3 2 1	
notify	4 3 2 1		refer	4 3 2 1	
specify	4 3 2 1		utter	4 3 2 1	

62. Things Worn on the Hands/Feet

boot	4 3 2 1		glove	4 3 2 1	
mittens	4 3 2 1		shoe	4 3 2 1	
skate	4 3 2 1		sock	4 3 2 1	
stocking	4 3 2 1		sandal	4 3 2 1	
slipper	4 3 2 1				

CHALLENGE WORDS					
garter	4 3 2 1		mitt	4 3 2 1	
moccasin	4 3 2 1				

63. Walking/Running

dance	4 3 2 1		march	4 3 2 1	
run	4 3 2 1		skip	4 3 2 1	
step	4 3 2 1		trip	4 3 2 1	
walk	4 3 2 1		hike	4 3 2 1	
limp	4 3 2 1		stumble	4 3 2 1	
tiptoe	4 3 2 1		trot	4 3 2 1	
CHALLENGE WORDS					
amble	4 3 2 1		hobble	4 3 2 1	
jog	4 3 2 1		ramble	4 3 2 1	
saunter	4 3 2 1		shuffle	4 3 2 1	
swagger	4 3 2 1		tread	4 3 2 1	

64. Cats/Dogs

cat	4 3 2 1		dog	4 3 2 1	
doggie	4 3 2 1		fox	4 3 2 1	

continued →

lion	4 3 2 1		tiger	4 3 2 1	
wolf	4 3 2 1		bulldog	4 3 2 1	
collie	4 3 2 1				
CHALLENGE WORDS					
beagle	4 3 2 1		cougar	4 3 2 1	
coyote	4 3 2 1		greyhound	4 3 2 1	
hyena	4 3 2 1		Labrador	4 3 2 1	
leopard	4 3 2 1		panther	4 3 2 1	
pug	4 3 2 1		puma	4 3 2 1	

65. Land Animals (General)

bear	4 3 2 1		cow	4 3 2 1	
deer	4 3 2 1		donkey	4 3 2 1	
elephant	4 3 2 1		giraffe	4 3 2 1	
horse	4 3 2 1		lamb	4 3 2 1	
pig	4 3 2 1		pony	4 3 2 1	
rabbit	4 3 2 1		sheep	4 3 2 1	
bat	4 3 2 1		bull	4 3 2 1	
kangaroo	4 3 2 1		moose	4 3 2 1	

raccoon	4 3 2 1		reindeer	4 3 2 1	
skunk	4 3 2 1		zebra	4 3 2 1	
CHALLENGE WORDS					
antelope	4 3 2 1		buffalo	4 3 2 1	
camel	4 3 2 1		ferret	4 3 2 1	
hedgehog	4 3 2 1		hippopotamus	4 3 2 1	
llama	4 3 2 1		mole	4 3 2 1	
ram	4 3 2 1		rhinoceros	4 3 2 1	

66. Coming/Going (General)

go	4 3 2 1		come	4 3 2 1	
leave	4 3 2 1		travel	4 3 2 1	
visit	4 3 2 1		wander	4 3 2 1	
appear	4 3 2 1		approach	4 3 2 1	
arrive	4 3 2 1		depart	4 3 2 1	
disappear	4 3 2 1		exit	4 3 2 1	
journey	4 3 2 1		proceed	4 3 2 1	

continued →

CHALLENGE WORDS						
access	4 3 2 1		advance	4 3 2 1	
adventure	4 3 2 1		departure	4 3 2 1	
dissolve	4 3 2 1		migrate	4 3 2 1	
oncoming	4 3 2 1		roam	4 3 2 1	
stray	4 3 2 1		tour	4 3 2 1	

67. Memory/Thought (General)

forget	4 3 2 1		idea	4 3 2 1	
remember	4 3 2 1		think	4 3 2 1	
thought	4 3 2 1		wonder	4 3 2 1	
imagine	4 3 2 1		memory	4 3 2 1	
CHALLENGE WORDS						
concentrate	4 3 2 1		concept	4 3 2 1	
consider	4 3 2 1		contemplate	4 3 2 1	
imagination	4 3 2 1		memorize	4 3 2 1	
recall	4 3 2 1		visualize	4 3 2 1	

68. Students and Teachers

principal	4 3 2 1		student	4 3 2 1	
teacher	4 3 2 1		graduate	4 3 2 1	
pupil	4 3 2 1		schoolteacher	4 3 2 1	
		CHALLENGE WORDS			
adviser	4 3 2 1		counselor	4 3 2 1	
dean	4 3 2 1		freshman	4 3 2 1	
instructor	4 3 2 1		mentor	4 3 2 1	
professor	4 3 2 1		sophomore	4 3 2 1	
tutor	4 3 2 1				

69. Emptiness and Fullness

empty	4 3 2 1		fill	4 3 2 1	
full	4 3 2 1		hollow	4 3 2 1	
		CHALLENGE WORDS			
deflate	4 3 2 1		deplete	4 3 2 1	
exhaust	4 3 2 1		fraught	4 3 2 1	
null	4 3 2 1		stuff	4 3 2 1	
swollen	4 3 2 1		vacant	4 3 2 1	
void	4 3 2 1				

70. Sea Animals

fish	4 3 2 1		seal	4 3 2 1	
whale	4 3 2 1		salmon	4 3 2 1	
shark	4 3 2 1		tuna	4 3 2 1	
		CHALLENGE WORDS			
catfish	4 3 2 1		cod	4 3 2 1	
dolphin	4 3 2 1		hammerhead	4 3 2 1	
herring	4 3 2 1		porpoise	4 3 2 1	
sardine	4 3 2 1		swordfish	4 3 2 1	
trout	4 3 2 1		walrus	4 3 2 1	

71. Writing, Drawing, and Reading

color	4 3 2 1		copy	4 3 2 1	
draw	4 3 2 1		paint	4 3 2 1	
print	4 3 2 1		read	4 3 2 1	
scribble	4 3 2 1		sign	4 3 2 1	
spell	4 3 2 1		write	4 3 2 1	
handwriting	4 3 2 1		misspell	4 3 2 1	
publish	4 3 2 1		skim	4 3 2 1	

trace	4 3 2 1		underline	4 3 2 1
CHALLENGE WORDS				
abbreviate	4 3 2 1		doodle	4 3 2 1
draft	4 3 2 1		illustrate	4 3 2 1
indent	4 3 2 1		legible	4 3 2 1
proofread	4 3 2 1		rewrite	4 3 2 1

72. Right and Wrong

correct	4 3 2 1		just	4 3 2 1
real	4 3 2 1		right	4 3 2 1
true	4 3 2 1		truth	4 3 2 1
wrong	4 3 2 1		error	4 3 2 1
fair	4 3 2 1		false	4 3 2 1
fault	4 3 2 1		honest	4 3 2 1
mistake	4 3 2 1			
CHALLENGE WORDS				
acceptable	4 3 2 1		accurate	4 3 2 1
appropriate	4 3 2 1		crime	4 3 2 1
honesty	4 3 2 1		illegal	4 3 2 1

justice	4 3 2 1		legal	4 3 2 1	
realistic	4 3 2 1		relevant	4 3 2 1	

73. Units of Measurement

foot	4 3 2 1		gallon	4 3 2 1	
grade	4 3 2 1		inch	4 3 2 1	
mile	4 3 2 1		pound	4 3 2 1	
quart	4 3 2 1		yard	4 3 2 1	
mouthful	4 3 2 1		spoonful	4 3 2 1	
tablespoon	4 3 2 1				
CHALLENGE WORDS					
degree	4 3 2 1		gram	4 3 2 1	
handful	4 3 2 1		liter	4 3 2 1	
meter	4 3 2 1		metric	4 3 2 1	
ounce	4 3 2 1		pint	4 3 2 1	
teaspoon	4 3 2 1				

74. Ingredients Used to Make Food

dough	4 3 2 1		flour	4 3 2 1	
gravy	4 3 2 1		mix	4 3 2 1	

pepper	4 3 2 1		salt	4 3 2 1	
sauce	4 3 2 1		sugar	4 3 2 1	
ketchup	4 3 2 1		mayonnaise	4 3 2 1	
mustard	4 3 2 1				
		CHALLENGE WORDS			
batter	4 3 2 1		cinnamon	4 3 2 1	
garlic	4 3 2 1		graham	4 3 2 1	
shortening	4 3 2 1		spice	4 3 2 1	
starch	4 3 2 1		vinegar	4 3 2 1	
yeast	4 3 2 1				

75. Limbs

arm	4 3 2 1		elbow	4 3 2 1	
finger	4 3 2 1		hand	4 3 2 1	
thumb	4 3 2 1		shoulder	4 3 2 1	
wrist	4 3 2 1				
		CHALLENGE WORDS			
armpit	4 3 2 1		biceps	4 3 2 1	
cuticle	4 3 2 1		forearm	4 3 2 1	

continued →

knuckle	4 3 2 1		nails	4 3 2 1	
palm	4 3 2 1				

76. Legs and Feet

feet	4 3 2 1		foot	4 3 2 1	
knee	4 3 2 1		leg	4 3 2 1	
toe	4 3 2 1		ankle	4 3 2 1	
heel	4 3 2 1				
CHALLENGE WORDS					
arch	4 3 2 1		shin	4 3 2 1	
thigh	4 3 2 1				

77. Movies and Plays

act	4 3 2 1		cartoon	4 3 2 1	
film	4 3 2 1		movie	4 3 2 1	
show	4 3 2 1		stage	4 3 2 1	
comedy	4 3 2 1		play	4 3 2 1	
CHALLENGE WORDS					
drama	4 3 2 1		perform	4 3 2 1	

plot	4 3 2 1		rehearsal	4 3 2 1	
scene	4 3 2 1		setting	4 3 2 1	

78. Temperature

cold	4 3 2 1		heat	4 3 2 1	
hot	4 3 2 1		temperature	4 3 2 1	
warm	4 3 2 1		chill	4 3 2 1	
cool	4 3 2 1				
CHALLENGE WORDS					
arctic	4 3 2 1		Celsius	4 3 2 1	
Fahrenheit	4 3 2 1		frigid	4 3 2 1	
lukewarm	4 3 2 1		temperate	4 3 2 1	
thermal	4 3 2 1		warmth	4 3 2 1	

79. Parts of a Day

day	4 3 2 1		evening	4 3 2 1	
hour	4 3 2 1		minute	4 3 2 1	
morning	4 3 2 1		night	4 3 2 1	
noon	4 3 2 1		second	4 3 2 1	

continued →

tonight	4 3 2 1		afternoon	4 3 2 1	
midnight	4 3 2 1		overnight	4 3 2 1	
sundown	4 3 2 1		sunrise	4 3 2 1	
sunset	4 3 2 1				
		CHALLENGE WORDS			
dawn	4 3 2 1		daybreak	4 3 2 1	
dusk	4 3 2 1		instant	4 3 2 1	
midday	4 3 2 1		moment	4 3 2 1	
nightfall	4 3 2 1		noontime	4 3 2 1	
twilight	4 3 2 1		workday	4 3 2 1	

80. Throat and Mouth

mouth	4 3 2 1		teeth	4 3 2 1	
throat	4 3 2 1		tooth	4 3 2 1	
voice	4 3 2 1		gum	4 3 2 1	
jaw	4 3 2 1		lip	4 3 2 1	
tongue	4 3 2 1				
		CHALLENGE WORDS			
bicuspid	4 3 2 1		fang	4 3 2 1	

| molar | 4 3 2 1 | | oral | 4 3 2 1 | |
| windpipe | 4 3 2 1 | | | | |

81. Contractions (Is)

he's	4 3 2 1		I'm	4 3 2 1	
it's	4 3 2 1		she's	4 3 2 1	
that's	4 3 2 1		there's	4 3 2 1	
here's	4 3 2 1		what's	4 3 2 1	
where's	4 3 2 1				
CHALLENGE WORDS					
how's	4 3 2 1				

82. Reptiles/Mythical Animals

alligator	4 3 2 1		dragon	4 3 2 1	
frog	4 3 2 1		snake	4 3 2 1	
toad	4 3 2 1		turtle	4 3 2 1	
dinosaur	4 3 2 1		mermaid	4 3 2 1	
monster	4 3 2 1				
CHALLENGE WORDS					
cobra	4 3 2 1		crocodile	4 3 2 1	

continued →

lizard	4 3 2 1		nymph	4 3 2 1	
rattlesnake	4 3 2 1		reptile	4 3 2 1	
serpent	4 3 2 1		tortoise	4 3 2 1	
unicorn	4 3 2 1				

83. Time (Relative)

old	4 3 2 1		past	4 3 2 1	
present	4 3 2 1		today	4 3 2 1	
tomorrow	4 3 2 1		yesterday	4 3 2 1	
ancient	4 3 2 1		future	4 3 2 1	
history	4 3 2 1		someday	4 3 2 1	
		CHALLENGE WORDS			
antique	4 3 2 1		childhood	4 3 2 1	
eternity	4 3 2 1		heirloom	4 3 2 1	
historic	4 3 2 1		medieval	4 3 2 1	
primitive	4 3 2 1		puberty	4 3 2 1	
relic	4 3 2 1		youth	4 3 2 1	

84. Sound-Producing Devices

alarm	4 3 2 1		bell	4 3 2 1	
horn	4 3 2 1		phone	4 3 2 1	
doorbell	4 3 2 1		siren	4 3 2 1	
telephone	4 3 2 1				
		CHALLENGE WORDS			
chime	4 3 2 1		earphone	4 3 2 1	
firebox	4 3 2 1		gong	4 3 2 1	
loudspeaker	4 3 2 1		sonar	4 3 2 1	

85. Contractions (Will)

he'll	4 3 2 1		I'll	4 3 2 1	
she'll	4 3 2 1		they'll	4 3 2 1	
we'll	4 3 2 1		you'll	4 3 2 1	
		CHALLENGE WORDS			
there'll	4 3 2 1		what'll	4 3 2 1	

86. Dairy Products

butter	4 3 2 1		cheese	4 3 2 1	
egg	4 3 2 1		yolk	4 3 2 1	

continued →

cream	4 3 2 1		margarine	4 3 2 1	
CHALLENGE WORDS					
curd	4 3 2 1				

87. Locations Near Water

beach	4 3 2 1		island	4 3 2 1	
coast	4 3 2 1		shore	4 3 2 1	
CHALLENGE WORDS					
lakeside	4 3 2 1		mainland	4 3 2 1	
peninsula	4 3 2 1		pier	4 3 2 1	
riverbank	4 3 2 1		riverside	4 3 2 1	
seashore	4 3 2 1		shoreline	4 3 2 1	

88. Medical Occupations

dentist	4 3 2 1		nurse	4 3 2 1	
doctor	4 3 2 1				
CHALLENGE WORDS					
dentistry	4 3 2 1		intern	4 3 2 1	
physician	4 3 2 1		surgeon	4 3 2 1	
therapist	4 3 2 1				

89. Losing/Winning

loss	4 3 2 1		winner	4 3 2 1	
champion	4 3 2 1		defeat	4 3 2 1	
win	4 3 2 1				
CHALLENGE WORDS					
accomplishment	4 3 2 1		conquest	4 3 2 1	
dominate	4 3 2 1		downfall	4 3 2 1	
excel	4 3 2 1		prevail	4 3 2 1	
subdue	4 3 2 1		success	4 3 2 1	
triumphant	4 3 2 1		victor	4 3 2 1	

90. Nature and Weather (General)

air	4 3 2 1		weather	4 3 2 1	
nature	4 3 2 1				
CHALLENGE WORDS					
atmosphere	4 3 2 1		climate	4 3 2 1	
environment	4 3 2 1				

91. Rooms

basement	4 3 2 1		bathroom	4 3 2 1	
cellar	4 3 2 1		closet	4 3 2 1	
garage	4 3 2 1		hall	4 3 2 1	
kitchen	4 3 2 1		nursery	4 3 2 1	
room	4 3 2 1		bedroom	4 3 2 1	
doorway	4 3 2 1		hallway	4 3 2 1	
playroom	4 3 2 1		porch	4 3 2 1	
		CHALLENGE WORDS			
aisle	4 3 2 1		attic	4 3 2 1	
balcony	4 3 2 1		den	4 3 2 1	
entrance	4 3 2 1		lobby	4 3 2 1	
parlor	4 3 2 1		threshold	4 3 2 1	
washroom	4 3 2 1				

92. Fasteners

chain	4 3 2 1		glue	4 3 2 1	
key	4 3 2 1		lock	4 3 2 1	
nail	4 3 2 1		needle	4 3 2 1	

pin	4 3 2 1		rope	4 3 2 1	
string	4 3 2 1		cable	4 3 2 1	
knot	4 3 2 1		screw	4 3 2 1	
shoelace	4 3 2 1		strap	4 3 2 1	
CHALLENGE WORDS					
bolt	4 3 2 1		clamp	4 3 2 1	
hinge	4 3 2 1		keyhole	4 3 2 1	
latch	4 3 2 1		padlock	4 3 2 1	
slot	4 3 2 1		staple	4 3 2 1	
tack	4 3 2 1		twine	4 3 2 1	

93. Things You Travel On

alley	4 3 2 1		bridge	4 3 2 1	
driveway	4 3 2 1		highway	4 3 2 1	
path	4 3 2 1		railroad	4 3 2 1	
road	4 3 2 1		sidewalk	4 3 2 1	
street	4 3 2 1		track	4 3 2 1	
trail	4 3 2 1		avenue	4 3 2 1	
freeway	4 3 2 1		mall	4 3 2 1	

continued →

racetrack	4 3 2 1		ramp	4 3 2 1	
route	4 3 2 1		tunnel	4 3 2 1	
CHALLENGE WORDS					
airstrip	4 3 2 1		chute	4 3 2 1	
course	4 3 2 1		crossroad	4 3 2 1	
detour	4 3 2 1		intersection	4 3 2 1	
passage	4 3 2 1		runway	4 3 2 1	

94. Family Relationships

aunt	4 3 2 1		brother	4 3 2 1	
dad	4 3 2 1		family	4 3 2 1	
father	4 3 2 1		granny	4 3 2 1	
ma	4 3 2 1		mama	4 3 2 1	
mom	4 3 2 1		mother	4 3 2 1	
papa	4 3 2 1		parent	4 3 2 1	
sister	4 3 2 1		son	4 3 2 1	
uncle	4 3 2 1		cousin	4 3 2 1	
daughter	4 3 2 1		grandparent	4 3 2 1	
husband	4 3 2 1		nephew	4 3 2 1	

niece	4 3 2 1		sibling	4 3 2 1	
wife	4 3 2 1				
CHALLENGE WORDS					
ancestor	4 3 2 1		bride	4 3 2 1	
groom	4 3 2 1		guardian	4 3 2 1	
household	4 3 2 1		maternal	4 3 2 1	
patriarch	4 3 2 1		spouse	4 3 2 1	

95. Insects

ant	4 3 2 1		bee	4 3 2 1	
bug	4 3 2 1		butterfly	4 3 2 1	
caterpillar	4 3 2 1		fly	4 3 2 1	
insect	4 3 2 1		ladybug	4 3 2 1	
spider	4 3 2 1		worm	4 3 2 1	
bumblebee	4 3 2 1		cockroach	4 3 2 1	
flea	4 3 2 1		grasshopper	4 3 2 1	
mosquito	4 3 2 1		moth	4 3 2 1	
slug	4 3 2 1		wasp	4 3 2 1	

continued →

CHALLENGE WORDS					
beetle	4 3 2 1		centipede	4 3 2 1	
cricket	4 3 2 1		dragonfly	4 3 2 1	
firefly	4 3 2 1		hornet	4 3 2 1	
lice	4 3 2 1		mite	4 3 2 1	
termite	4 3 2 1		yellow jacket	4 3 2 1	

96. Cooking and Eating Utensils

bowl	4 3 2 1		cup	4 3 2 1	
dish	4 3 2 1		fork	4 3 2 1	
glass	4 3 2 1		knife	4 3 2 1	
pan	4 3 2 1		plate	4 3 2 1	
pot	4 3 2 1		spoon	4 3 2 1	
chopsticks	4 3 2 1		mug	4 3 2 1	
opener	4 3 2 1		tablespoon	4 3 2 1	
teaspoon	4 3 2 1		tray	4 3 2 1	
CHALLENGE WORDS					
casserole	4 3 2 1		goblet	4 3 2 1	
kettle	4 3 2 1		ladle	4 3 2 1	

platter	4 3 2 1		saucer	4 3 2 1	
scoop	4 3 2 1		silverware	4 3 2 1	
skillet	4 3 2 1		spatula	4 3 2 1	

97. Vehicles (Actions/Characteristics)

drive	4 3 2 1		passenger	4 3 2 1	
ride	4 3 2 1		row	4 3 2 1	
sail	4 3 2 1		cruise	4 3 2 1	
glide	4 3 2 1				
CHALLENGE WORDS					
aerial	4 3 2 1		aviation	4 3 2 1	
horsepower	4 3 2 1		launch	4 3 2 1	
marine	4 3 2 1		naval	4 3 2 1	
navigate	4 3 2 1		transport	4 3 2 1	

98. General Names for Groups

gather	4 3 2 1		group	4 3 2 1	
pile	4 3 2 1		sequence	4 3 2 1	
bunch	4 3 2 1		classify	4 3 2 1	

continued →

collect	4 3 2 1		list	4 3 2 1	
organize	4 3 2 1		stack	4 3 2 1	
CHALLENGE WORDS					
arrange	4 3 2 1		assemble	4 3 2 1	
assortment	4 3 2 1		batch	4 3 2 1	
collection	4 3 2 1		file	4 3 2 1	
heap	4 3 2 1		menu	4 3 2 1	
schedule	4 3 2 1		series	4 3 2 1	
summarize	4 3 2 1		table	4 3 2 1	

99. Dimensionality

deep	4 3 2 1		height	4 3 2 1	
high	4 3 2 1		length	4 3 2 1	
long	4 3 2 1		short	4 3 2 1	
size	4 3 2 1		tall	4 3 2 1	
thin	4 3 2 1		wide	4 3 2 1	
depth	4 3 2 1		narrow	4 3 2 1	
shallow	4 3 2 1		thick	4 3 2 1	
width	4 3 2 1				

CHALLENGE WORDS					
broad	4 3 2 1		deepen	4 3 2 1	
dense	4 3 2 1		dimension	4 3 2 1	
extend	4 3 2 1		layer	4 3 2 1	
measurement	4 3 2 1		scale	4 3 2 1	
thickness	4 3 2 1		trim	4 3 2 1	

100. Communication (Positive Information)

agree	4 3 2 1		bless	4 3 2 1	
greet	4 3 2 1		pray	4 3 2 1	
thank	4 3 2 1		welcome	4 3 2 1	
compliment	4 3 2 1		cooperate	4 3 2 1	
encourage	4 3 2 1		praise	4 3 2 1	
CHALLENGE WORDS					
acknowledge	4 3 2 1		apology	4 3 2 1	
assure	4 3 2 1		blessing	4 3 2 1	
congratulations	4 3 2 1		credit	4 3 2 1	
participate	4 3 2 1		prayer	4 3 2 1	
teamwork	4 3 2 1		worship	4 3 2 1	

101. Forms of Water/Liquid

ice	4 3 2 1		rain	4 3 2 1	
snow	4 3 2 1		water	4 3 2 1	
hail	4 3 2 1		icicle	4 3 2 1	
liquid	4 3 2 1		rainbow	4 3 2 1	
raindrop	4 3 2 1		rainfall	4 3 2 1	
snowball	4 3 2 1		snowman	4 3 2 1	
steam	4 3 2 1				
		CHALLENGE WORDS			
drizzle	4 3 2 1		fluid	4 3 2 1	
frost	4 3 2 1		glacier	4 3 2 1	
iceberg	4 3 2 1		mist	4 3 2 1	
precipitation	4 3 2 1		vapor	4 3 2 1	

102. Bodies of Water

lake	4 3 2 1		ocean	4 3 2 1	
puddle	4 3 2 1		river	4 3 2 1	
sea	4 3 2 1		stream	4 3 2 1	
bay	4 3 2 1		creek	4 3 2 1	

pond	4 3 2 1				
CHALLENGE WORDS					
brook	4 3 2 1		current	4 3 2 1	
delta	4 3 2 1		lagoon	4 3 2 1	
marsh	4 3 2 1		rapids	4 3 2 1	
swamp	4 3 2 1		tide	4 3 2 1	
waterfall	4 3 2 1				

103. Noises (General)

hear	4 3 2 1		listen	4 3 2 1	
loud	4 3 2 1		noise	4 3 2 1	
quiet	4 3 2 1		sound	4 3 2 1	
aloud	4 3 2 1		calm	4 3 2 1	
echo	4 3 2 1		silence	4 3 2 1	
silent	4 3 2 1				
CHALLENGE WORDS					
audio	4 3 2 1		clatter	4 3 2 1	
commotion	4 3 2 1		eavesdrop	4 3 2 1	
harsh	4 3 2 1		hush	4 3 2 1	
serene	4 3 2 1		tranquil	4 3 2 1	

104. Money and Goods

cent	4 3 2 1		coin	4 3 2 1	
dollar	4 3 2 1		money	4 3 2 1	
penny	4 3 2 1		quarter	4 3 2 1	
cash	4 3 2 1		check	4 3 2 1	
dime	4 3 2 1		nickel	4 3 2 1	
pound	4 3 2 1		ticket	4 3 2 1	
CHALLENGE WORDS					
capital	4 3 2 1		finance	4 3 2 1	
merchandise	4 3 2 1		payroll	4 3 2 1	
receipt	4 3 2 1		souvenir	4 3 2 1	
stock	4 3 2 1		wealth	4 3 2 1	

105. Communication (General)

speak	4 3 2 1		speech	4 3 2 1	
talk	4 3 2 1		chat	4 3 2 1	
discuss	4 3 2 1		statement	4 3 2 1	
CHALLENGE WORDS					
brainstorm	4 3 2 1		comment	4 3 2 1	
communicate	4 3 2 1		dialogue	4 3 2 1	

discussion	4 3 2 1		lecture	4 3 2 1	
negotiate	4 3 2 1		proclamation	4 3 2 1	
proposal	4 3 2 1		talkative	4 3 2 1	

106. Places Related to Protection/Incarceration

cage	4 3 2 1		cave	4 3 2 1	
shelter	4 3 2 1		fort	4 3 2 1	
jail	4 3 2 1				
CHALLENGE WORDS					
bunker	4 3 2 1		cell	4 3 2 1	
dungeon	4 3 2 1		firehouse	4 3 2 1	
garrison	4 3 2 1		haven	4 3 2 1	
outpost	4 3 2 1		prison	4 3 2 1	
quarantine	4 3 2 1		stronghold	4 3 2 1	

107. Building and Repairing

find	4 3 2 1		fix	4 3 2 1	
make	4 3 2 1		build	4 3 2 1	
develop	4 3 2 1		prepare	4 3 2 1	

continued →

produce	4 3 2 1		repair	4 3 2 1	
shape	4 3 2 1				
CHALLENGE WORDS					
construct	4 3 2 1		create	4 3 2 1	
establish	4 3 2 1		form	4 3 2 1	
generate	4 3 2 1		install	4 3 2 1	
manufacture	4 3 2 1		modify	4 3 2 1	
preserve	4 3 2 1		process	4 3 2 1	

108. Trees/Bushes (Parts)

branch	4 3 2 1		leaf	4 3 2 1	
twig	4 3 2 1		bark	4 3 2 1	
limb	4 3 2 1		stump	4 3 2 1	
CHALLENGE WORDS					
foliage	4 3 2 1		latex	4 3 2 1	
resin	4 3 2 1		rubber	4 3 2 1	
sap	4 3 2 1		stem	4 3 2 1	
sticker	4 3 2 1		thorn	4 3 2 1	
treetop	4 3 2 1		wick	4 3 2 1	

109. Places Where Money and Goods Are Kept

bank	4 3 2 1		safe	4 3 2 1	
purse	4 3 2 1		wallet	4 3 2 1	
		CHALLENGE WORDS			
account	4 3 2 1		billfold	4 3 2 1	
commerce	4 3 2 1		handbag	4 3 2 1	
mint	4 3 2 1		pocketbook	4 3 2 1	
strongbox	4 3 2 1		vault	4 3 2 1	

110. Actions Helpful to Humans

behave	4 3 2 1		help	4 3 2 1	
save	4 3 2 1		heal	4 3 2 1	
improve	4 3 2 1		protect	4 3 2 1	
		CHALLENGE WORDS			
advantage	4 3 2 1		aid	4 3 2 1	
assist	4 3 2 1		benefit	4 3 2 1	
cure	4 3 2 1		defend	4 3 2 1	
guide	4 3 2 1		recover	4 3 2 1	
refresh	4 3 2 1		rescue	4 3 2 1	

111. Females

girl	4 3 2 1		lady	4 3 2 1	
woman	4 3 2 1		female	4 3 2 1	
housewife	4 3 2 1		schoolgirl	4 3 2 1	
		CHALLENGE WORDS			
belle	4 3 2 1		dame	4 3 2 1	
hostess	4 3 2 1		lass	4 3 2 1	
madam	4 3 2 1		spinster	4 3 2 1	
tomboy	4 3 2 1		widow	4 3 2 1	

112. Things to Write On/With

brush	4 3 2 1		card	4 3 2 1	
crayon	4 3 2 1		ink	4 3 2 1	
page	4 3 2 1		paper	4 3 2 1	
pen	4 3 2 1		pencil	4 3 2 1	
blackboard	4 3 2 1		chalk	4 3 2 1	
chalkboard	4 3 2 1		loose-leaf	4 3 2 1	
notebook	4 3 2 1		paintbrush	4 3 2 1	
		CHALLENGE WORDS			
ballpoint	4 3 2 1		parchment	4 3 2 1	

pastel	4 3 2 1		press	4 3 2 1	
ream	4 3 2 1		scrapbook	4 3 2 1	
tablet	4 3 2 1		typewriter	4 3 2 1	

113. Furniture

bed	4 3 2 1		bench	4 3 2 1	
chair	4 3 2 1		crib	4 3 2 1	
desk	4 3 2 1		drawer	4 3 2 1	
seat	4 3 2 1		table	4 3 2 1	
bookcase	4 3 2 1		couch	4 3 2 1	
counter	4 3 2 1		cradle	4 3 2 1	
cupboard	4 3 2 1		playpen	4 3 2 1	
sofa	4 3 2 1		stool	4 3 2 1	
CHALLENGE WORDS					
armchair	4 3 2 1		bureau	4 3 2 1	
cabinet	4 3 2 1		furniture	4 3 2 1	
hammock	4 3 2 1		mat	4 3 2 1	
mattress	4 3 2 1		tabletop	4 3 2 1	
wheelchair	4 3 2 1				

114. Areas of Land

land	4 3 2 1		lot	4 3 2 1	
place	4 3 2 1		region	4 3 2 1	
area	4 3 2 1		location	4 3 2 1	
territory	4 3 2 1		zone	4 3 2 1	
CHALLENGE WORDS					
acre	4 3 2 1		domain	4 3 2 1	
frontier	4 3 2 1		plot	4 3 2 1	
premises	4 3 2 1		site	4 3 2 1	
surface	4 3 2 1		terrain	4 3 2 1	

115. Head and Face

cheek	4 3 2 1		chin	4 3 2 1	
face	4 3 2 1		head	4 3 2 1	
brain	4 3 2 1		forehead	4 3 2 1	
mind	4 3 2 1				
CHALLENGE WORDS					
ego	4 3 2 1		skull	4 3 2 1	

116. Money-Related Characteristics

free	4 3 2 1		poor	4 3 2 1	
poverty	4 3 2 1		rich	4 3 2 1	
broke	4 3 2 1		cheap	4 3 2 1	
expensive	4 3 2 1				
CHALLENGE WORDS					
costly	4 3 2 1		humble	4 3 2 1	
luxury	4 3 2 1		needy	4 3 2 1	
posh	4 3 2 1		royal	4 3 2 1	
wasteful	4 3 2 1				

117. Actions Related to Animals

fish	4 3 2 1		fly	4 3 2 1	
hunt	4 3 2 1		trap	4 3 2 1	
buck	4 3 2 1		gallop	4 3 2 1	
soar	4 3 2 1		sting	4 3 2 1	
CHALLENGE WORDS					
bareback	4 3 2 1		graze	4 3 2 1	
horseback	4 3 2 1		snare	4 3 2 1	
stampede	4 3 2 1		swarm	4 3 2 1	

118. Appliances

oven	4 3 2 1		radio	4 3 2 1	
stove	4 3 2 1		television	4 3 2 1	
furnace	4 3 2 1		heater	4 3 2 1	
refrigerator	4 3 2 1				
CHALLENGE WORDS					
griddle	4 3 2 1		icebox	4 3 2 1	
kiln	4 3 2 1		microwave	4 3 2 1	
phonograph	4 3 2 1		radiator	4 3 2 1	
stereo	4 3 2 1		wireless	4 3 2 1	

119. Tools (General)

hammer	4 3 2 1		saw	4 3 2 1	
shovel	4 3 2 1		tool	4 3 2 1	
drill	4 3 2 1		rake	4 3 2 1	
screwdriver	4 3 2 1		tweezers	4 3 2 1	
CHALLENGE WORDS					
chisel	4 3 2 1		device	4 3 2 1	
hoe	4 3 2 1		instrument	4 3 2 1	
lever	4 3 2 1		pliers	4 3 2 1	

resource	4 3 2 1		sandpaper	4 3 2 1	
utensil	4 3 2 1		wrench	4 3 2 1	

120. Vehicles (Air Transportation)

hot-air balloon	4 3 2 1		helicopter	4 3 2 1	
kite	4 3 2 1		plane	4 3 2 1	
rocket	4 3 2 1		aircraft	4 3 2 1	
airline	4 3 2 1		airplane	4 3 2 1	
spacecraft	4 3 2 1				
CHALLENGE WORDS					
airliner	4 3 2 1		blimp	4 3 2 1	
jetliner	4 3 2 1				

121. Places to Live

castle	4 3 2 1		home	4 3 2 1	
hotel	4 3 2 1		house	4 3 2 1	
hut	4 3 2 1		apartment	4 3 2 1	
motel	4 3 2 1		palace	4 3 2 1	
tent	4 3 2 1				

continued →

CHALLENGE WORDS					
barracks	4 3 2 1		cabin	4 3 2 1	
cottage	4 3 2 1		dormitory	4 3 2 1	
estate	4 3 2 1		habitat	4 3 2 1	
inn	4 3 2 1		mansion	4 3 2 1	
villa	4 3 2 1				

122. Actions Related to Money and Goods

buy	4 3 2 1		pay	4 3 2 1	
sale	4 3 2 1		sell	4 3 2 1	
spend	4 3 2 1		bet	4 3 2 1	
earn	4 3 2 1		owe	4 3 2 1	
purchase	4 3 2 1				
CHALLENGE WORDS					
afford	4 3 2 1		bargain	4 3 2 1	
budget	4 3 2 1				

123. Parts of a Home

door	4 3 2 1		floor	4 3 2 1	
roof	4 3 2 1		stairs	4 3 2 1	

wall	4 3 2 1		window	4 3 2 1	
ceiling	4 3 2 1		chimney	4 3 2 1	
doorstep	4 3 2 1		stair	4 3 2 1	
staircase	4 3 2 1		stairway	4 3 2 1	
CHALLENGE WORDS					
hearth	4 3 2 1		mantel	4 3 2 1	
pane	4 3 2 1		vent	4 3 2 1	

124. Foods That Are Prepared

bread	4 3 2 1		bun	4 3 2 1	
cereal	4 3 2 1		chips	4 3 2 1	
cracker	4 3 2 1		crust	4 3 2 1	
hamburger	4 3 2 1		hotdog	4 3 2 1	
jelly	4 3 2 1		pancake	4 3 2 1	
pizza	4 3 2 1		salad	4 3 2 1	
sandwich	4 3 2 1		snack	4 3 2 1	
toast	4 3 2 1		biscuit	4 3 2 1	
coleslaw	4 3 2 1		loaf	4 3 2 1	
macaroni	4 3 2 1		muffin	4 3 2 1	

continued →

noodle	4 3 2 1		oatmeal	4 3 2 1	
omelet	4 3 2 1		pretzel	4 3 2 1	
spaghetti	4 3 2 1		taco	4 3 2 1	
tortilla	4 3 2 1		waffle	4 3 2 1	
CHALLENGE WORDS					
flapjack	4 3 2 1		gruel	4 3 2 1	
lasagna	4 3 2 1		mush	4 3 2 1	
porridge	4 3 2 1		watercress	4 3 2 1	

125. Pants, Shirts, and Skirts

belt	4 3 2 1		diaper	4 3 2 1	
dress	4 3 2 1		jeans	4 3 2 1	
pajamas	4 3 2 1		pants	4 3 2 1	
pocket	4 3 2 1		shirt	4 3 2 1	
skirt	4 3 2 1		apron	4 3 2 1	
bathrobe	4 3 2 1		nightgown	4 3 2 1	
robe	4 3 2 1		shorts	4 3 2 1	
sweater	4 3 2 1		tights	4 3 2 1	

CHALLENGE WORDS					
blouse	4 3 2 1		cardigan	4 3 2 1	
gown	4 3 2 1		jersey	4 3 2 1	
kimono	4 3 2 1		overalls	4 3 2 1	
petticoat	4 3 2 1		pullover	4 3 2 1	
slacks	4 3 2 1		vest	4 3 2 1	

126. Frequency and Duration

long	4 3 2 1		never	4 3 2 1	
often	4 3 2 1		once	4 3 2 1	
sometimes	4 3 2 1		always	4 3 2 1	
anymore	4 3 2 1		awhile	4 3 2 1	
daily	4 3 2 1		ever	4 3 2 1	
forever	4 3 2 1		frequent	4 3 2 1	
hourly	4 3 2 1		rare	4 3 2 1	
regular	4 3 2 1		repeat	4 3 2 1	
seldom	4 3 2 1		twice	4 3 2 1	
usual	4 3 2 1		weekly	4 3 2 1	

continued →

CHALLENGE WORDS					
annual	4 3 2 1		common	4 3 2 1	
constant	4 3 2 1		continue	4 3 2 1	
continuous	4 3 2 1		customary	4 3 2 1	
general	4 3 2 1		habitual	4 3 2 1	
infrequent	4 3 2 1		irregular	4 3 2 1	

127. Water/Liquid (Related Actions)

boil	4 3 2 1		dive	4 3 2 1	
drain	4 3 2 1		drip	4 3 2 1	
float	4 3 2 1		melt	4 3 2 1	
pour	4 3 2 1		sink	4 3 2 1	
spill	4 3 2 1		splash	4 3 2 1	
stir	4 3 2 1		swim	4 3 2 1	
wet	4 3 2 1		bubble	4 3 2 1	
dribble	4 3 2 1		flush	4 3 2 1	
freeze	4 3 2 1		leak	4 3 2 1	
slick	4 3 2 1		slippery	4 3 2 1	
soak	4 3 2 1		spray	4 3 2 1	

sprinkle	4 3 2 1		squirt	4 3 2 1	
trickle	4 3 2 1				
CHALLENGE WORDS					
absorb	4 3 2 1		dissolve	4 3 2 1	
drench	4 3 2 1		evaporate	4 3 2 1	
ooze	4 3 2 1		overflow	4 3 2 1	
submerge	4 3 2 1		waterproof	4 3 2 1	

128. Transportation (Types)

bicycle	4 3 2 1		bike	4 3 2 1	
bus	4 3 2 1		car	4 3 2 1	
train	4 3 2 1		tricycle	4 3 2 1	
truck	4 3 2 1		van	4 3 2 1	
wagon	4 3 2 1		ambulance	4 3 2 1	
automobile	4 3 2 1		cab	4 3 2 1	
locomotive	4 3 2 1		motorcycle	4 3 2 1	
scooter	4 3 2 1		stagecoach	4 3 2 1	
subway	4 3 2 1		taxi	4 3 2 1	
taxicab	4 3 2 1		trailer	4 3 2 1	

continued →

CHALLENGE WORDS						
caboose	4 3 2 1		chariot	4 3 2 1	
jeep	4 3 2 1		pickup	4 3 2 1	
sedan	4 3 2 1		streetcar	4 3 2 1	
trolley	4 3 2 1		vehicle	4 3 2 1	

129. Clothing-Related Actions

fit	4 3 2 1		fold	4 3 2 1	
sew	4 3 2 1		tear	4 3 2 1	
wear	4 3 2 1		braid	4 3 2 1	
patch	4 3 2 1		rip	4 3 2 1	
wrinkle	4 3 2 1		zip	4 3 2 1	
CHALLENGE WORDS						
alter	4 3 2 1		clad	4 3 2 1	
crease	4 3 2 1		don	4 3 2 1	
embroider	4 3 2 1		knit	4 3 2 1	
rumple	4 3 2 1		stitch	4 3 2 1	
tatter	4 3 2 1		weave	4 3 2 1	

130. Parts

bit	4 3 2 1		dot	4 3 2 1	
flake	4 3 2 1		part	4 3 2 1	
piece	4 3 2 1		crumb	4 3 2 1	
member	4 3 2 1		portion	4 3 2 1	
section	4 3 2 1		slice	4 3 2 1	
sliver	4 3 2 1		splinter	4 3 2 1	
type	4 3 2 1				
CHALLENGE WORDS					
category	4 3 2 1		department	4 3 2 1	
element	4 3 2 1		fragment	4 3 2 1	
item	4 3 2 1		sample	4 3 2 1	
segment	4 3 2 1		slab	4 3 2 1	
species	4 3 2 1		version	4 3 2 1	

131. Grabbing and Holding

catch	4 3 2 1		hold	4 3 2 1	
hug	4 3 2 1		pick	4 3 2 1	
clasp	4 3 2 1		cuddle	4 3 2 1	

continued →

grab	4 3 2 1		pinch	4 3 2 1	
snuggle	4 3 2 1		squeeze	4 3 2 1	
CHALLENGE WORDS					
cling	4 3 2 1		clutch	4 3 2 1	
embrace	4 3 2 1		grasp	4 3 2 1	
grip	4 3 2 1		pluck	4 3 2 1	
wrap	4 3 2 1		wring	4 3 2 1	

132. Consciousness/Unconsciousness

asleep	4 3 2 1		sleep	4 3 2 1	
nap	4 3 2 1		wake	4 3 2 1	
awake	4 3 2 1		pretend	4 3 2 1	
daydream	4 3 2 1		dream	4 3 2 1	
CHALLENGE WORDS					
conscious	4 3 2 1		doze	4 3 2 1	
drowsy	4 3 2 1		fantasy	4 3 2 1	
hibernate	4 3 2 1		nightmare	4 3 2 1	
snooze	4 3 2 1		weary	4 3 2 1	

133. Soil

ground	4 3 2 1		land	4 3 2 1	
mud	4 3 2 1		soil	4 3 2 1	
clay	4 3 2 1		dirt	4 3 2 1	
dust	4 3 2 1		earth	4 3 2 1	
		CHALLENGE WORDS			
manure	4 3 2 1		peat	4 3 2 1	
sod	4 3 2 1		turf	4 3 2 1	

134. Linens

blanket	4 3 2 1		cover	4 3 2 1	
pillow	4 3 2 1		towel	4 3 2 1	
bedspread	4 3 2 1		cushion	4 3 2 1	
napkin	4 3 2 1		pillowcase	4 3 2 1	
sheet	4 3 2 1		tablecloth	4 3 2 1	
		CHALLENGE WORDS			
doily	4 3 2 1		drape	4 3 2 1	
pad	4 3 2 1		quilt	4 3 2 1	

135. Looking and Perceiving

look	4 3 2 1		see	4 3 2 1	
stare	4 3 2 1		watch	4 3 2 1	
blink	4 3 2 1		peek	4 3 2 1	
spy	4 3 2 1		wink	4 3 2 1	
CHALLENGE WORDS					
detect	4 3 2 1		focus	4 3 2 1	
gaze	4 3 2 1		identify	4 3 2 1	
ignore	4 3 2 1		observe	4 3 2 1	
perceive	4 3 2 1		recognize	4 3 2 1	

136. Meats

bacon	4 3 2 1		beef	4 3 2 1	
ham	4 3 2 1		hotdog	4 3 2 1	
sausage	4 3 2 1		bologna	4 3 2 1	
pork	4 3 2 1		steak	4 3 2 1	
CHALLENGE WORDS					
lard	4 3 2 1		mutton	4 3 2 1	
pemmican	4 3 2 1		poultry	4 3 2 1	

137. Intelligence

able	4 3 2 1		smart	4 3 2 1	
stupid	4 3 2 1		alert	4 3 2 1	
brilliant	4 3 2 1		wise	4 3 2 1	
CHALLENGE WORDS					
aware	4 3 2 1		capable	4 3 2 1	
clever	4 3 2 1		creative	4 3 2 1	
curious	4 3 2 1		ignorant	4 3 2 1	
intelligent	4 3 2 1		wisdom	4 3 2 1	

138. Literature (Types)

myth	4 3 2 1		story	4 3 2 1	
fiction	4 3 2 1		legend	4 3 2 1	
literature	4 3 2 1		mystery	4 3 2 1	
poetry	4 3 2 1		riddle	4 3 2 1	
tale	4 3 2 1		writing	4 3 2 1	
CHALLENGE WORDS					
comedy	4 3 2 1		fable	4 3 2 1	
parable	4 3 2 1		prose	4 3 2 1	

continued →

proverb	4 3 2 1		suspense	4 3 2 1	
verse	4 3 2 1				

139. Parks and Yards

garden	4 3 2 1		park	4 3 2 1	
yard	4 3 2 1		patio	4 3 2 1	
playground	4 3 2 1		schoolyard	4 3 2 1	
CHALLENGE WORDS					
barnyard	4 3 2 1		cemetery	4 3 2 1	
courtyard	4 3 2 1		plaza	4 3 2 1	

140. Ears, Eyes, and Nose

ear	4 3 2 1		eye	4 3 2 1	
nose	4 3 2 1		eyebrow	4 3 2 1	
eyelash	4 3 2 1		nostril	4 3 2 1	
CHALLENGE WORDS					
brow	4 3 2 1		eardrum	4 3 2 1	
lobe	4 3 2 1		retina	4 3 2 1	

141. Descending Motion (General)

drop	4 3 2 1		fall	4 3 2 1	
lay	4 3 2 1		dump	4 3 2 1	
slump	4 3 2 1		tumble	4 3 2 1	
		CHALLENGE WORDS			
collapse	4 3 2 1		descend	4 3 2 1	
dip	4 3 2 1		landslide	4 3 2 1	
plunge	4 3 2 1		sag	4 3 2 1	
slouch	4 3 2 1		swoop	4 3 2 1	
tilt	4 3 2 1				

142. Rectangular/Square Shapes

block	4 3 2 1		rectangle	4 3 2 1	
square	4 3 2 1		triangle	4 3 2 1	
cube	4 3 2 1		pyramid	4 3 2 1	
triangular	4 3 2 1				
		CHALLENGE WORDS			
cubic	4 3 2 1		equilateral	4 3 2 1	
hexagon	4 3 2 1		octagon	4 3 2 1	
parallelogram	4 3 2 1		pentagon	4 3 2 1	

continued →

polygon	4 3 2 1		prism	4 3 2 1	
quadrilateral	4 3 2 1		trapezoid	4 3 2 1	

143. Board/Other Games

doll	4 3 2 1		toy	4 3 2 1	
puppet	4 3 2 1		puzzle	4 3 2 1	
CHALLENGE WORDS					
cards	4 3 2 1		checkers	4 3 2 1	
chess	4 3 2 1		crossword	4 3 2 1	
dice	4 3 2 1		hopscotch	4 3 2 1	
marionette	4 3 2 1		pinball	4 3 2 1	
raffle	4 3 2 1				

144. Time Measurement Devices

calendar	4 3 2 1		clock	4 3 2 1	
watch	4 3 2 1		date	4 3 2 1	
o'clock	4 3 2 1				
CHALLENGE WORDS					
hourglass	4 3 2 1		stopwatch	4 3 2 1	
sundial	4 3 2 1		wristwatch	4 3 2 1	

145. Coats

coat	4 3 2 1		jacket	4 3 2 1	
cape	4 3 2 1		raincoat	4 3 2 1	
		CHALLENGE WORDS			
cloak	4 3 2 1		mantle	4 3 2 1	
overcoat	4 3 2 1		parka	4 3 2 1	
poncho	4 3 2 1		shawl	4 3 2 1	
topcoat	4 3 2 1				

146. Actions Related to Work

quit	4 3 2 1		work	4 3 2 1	
hire	4 3 2 1		labor	4 3 2 1	
		CHALLENGE WORDS			
drudge	4 3 2 1		effort	4 3 2 1	
employ	4 3 2 1		engage	4 3 2 1	
retire	4 3 2 1		strive	4 3 2 1	
toil	4 3 2 1		travail	4 3 2 1	

147. Beginning Motion

begin	4 3 2 1		start	4 3 2 1	
try	4 3 2 1		beginning	4 3 2 1	
origin	4 3 2 1				
CHALLENGE WORDS					
embark	4 3 2 1		genesis	4 3 2 1	
introduce	4 3 2 1		introduction	4 3 2 1	
preface	4 3 2 1		source	4 3 2 1	

148. Receiving/Taking Actions

get	4 3 2 1		steal	4 3 2 1	
accept	4 3 2 1		attract	4 3 2 1	
capture	4 3 2 1				
CHALLENGE WORDS					
abduct	4 3 2 1		achieve	4 3 2 1	
arrest	4 3 2 1		deprive	4 3 2 1	
hijack	4 3 2 1		inherit	4 3 2 1	
plunder	4 3 2 1		ransack	4 3 2 1	
rob	4 3 2 1		trespass	4 3 2 1	

149. Specific Actions Done With the Hands

point	4 3 2 1		wave	4 3 2 1	
clap	4 3 2 1		handshake	4 3 2 1	
salute	4 3 2 1				
		CHALLENGE WORDS			
fumble	4 3 2 1		handiwork	4 3 2 1	
shrug	4 3 2 1		wield	4 3 2 1	

150. Contractions (Have)

I've	4 3 2 1		they've	4 3 2 1	
we've	4 3 2 1		you've	4 3 2 1	

151. Facial Expressions

grin	4 3 2 1		smile	4 3 2 1	
frown	4 3 2 1		nod	4 3 2 1	
		CHALLENGE WORDS			
blush	4 3 2 1		scowl	4 3 2 1	
smirk	4 3 2 1		sneer	4 3 2 1	

152. Actions Associated With the Mouth

kiss	4 3 2 1		suck	4 3 2 1	
lick	4 3 2 1		spit	4 3 2 1	
		CHALLENGE WORDS			
spew	4 3 2 1				

153. Candy and Sweets

cake	4 3 2 1		candy	4 3 2 1	
cookie	4 3 2 1		cupcake	4 3 2 1	
doughnut	4 3 2 1		gum	4 3 2 1	
honey	4 3 2 1		jam	4 3 2 1	
pie	4 3 2 1		pudding	4 3 2 1	
syrup	4 3 2 1		brownie	4 3 2 1	
butterscotch	4 3 2 1		caramel	4 3 2 1	
chocolate	4 3 2 1		cocoa	4 3 2 1	
fudge	4 3 2 1		licorice	4 3 2 1	
lollipop	4 3 2 1		marshmallow	4 3 2 1	
sherbet	4 3 2 1		sundae	4 3 2 1	
vanilla	4 3 2 1				

CHALLENGE WORDS						
lozenge	4 3 2 1		marmalade	4 3 2 1	
pastry	4 3 2 1		peppermint	4 3 2 1	
shortcake	4 3 2 1		spearmint	4 3 2 1	
tart	4 3 2 1		toffee	4 3 2 1	

154. Learning and Teaching

coach	4 3 2 1		direction	4 3 2 1	
know	4 3 2 1		learn	4 3 2 1	
teach	4 3 2 1		understand	4 3 2 1	
advice	4 3 2 1		comprehend	4 3 2 1	
confuse	4 3 2 1		discover	4 3 2 1	
information	4 3 2 1		instruct	4 3 2 1	
outsmart	4 3 2 1		study	4 3 2 1	
suggest	4 3 2 1		trick	4 3 2 1	
CHALLENGE WORDS						
breakthrough	4 3 2 1		complicate	4 3 2 1	
educate	4 3 2 1		fake	4 3 2 1	
input	4 3 2 1		mystify	4 3 2 1	
realize	4 3 2 1		suggestion	4 3 2 1	

155. Parts of Animals

feather	4 3 2 1		fur	4 3 2 1	
hide	4 3 2 1		paw	4 3 2 1	
tail	4 3 2 1		whisker	4 3 2 1	
beak	4 3 2 1		bill	4 3 2 1	
claw	4 3 2 1		fin	4 3 2 1	
flipper	4 3 2 1		hoof	4 3 2 1	
snout	4 3 2 1				
CHALLENGE WORDS					
antenna	4 3 2 1		antler	4 3 2 1	
fleece	4 3 2 1		gill	4 3 2 1	
ivory	4 3 2 1		mane	4 3 2 1	
pouch	4 3 2 1		quill	4 3 2 1	
talon	4 3 2 1		tusk	4 3 2 1	

156. Noises That People Make

cheer	4 3 2 1		cry	4 3 2 1	
laugh	4 3 2 1		roar	4 3 2 1	
shout	4 3 2 1		sing	4 3 2 1	

whisper	4 3 2 1		yell	4 3 2 1	
applause	4 3 2 1		chuckle	4 3 2 1	
cough	4 3 2 1		giggle	4 3 2 1	
holler	4 3 2 1		laughter	4 3 2 1	
scream	4 3 2 1		snore	4 3 2 1	
whistle	4 3 2 1		yawn	4 3 2 1	
CHALLENGE WORDS					
applaud	4 3 2 1		burp	4 3 2 1	
hiccup	4 3 2 1		mumble	4 3 2 1	
mutter	4 3 2 1		ovation	4 3 2 1	
shriek	4 3 2 1		squeal	4 3 2 1	
weep	4 3 2 1		whine	4 3 2 1	

157. Body Coverings and Marks

bump	4 3 2 1		hair	4 3 2 1	
rash	4 3 2 1		skin	4 3 2 1	
bald	4 3 2 1		beard	4 3 2 1	
bruise	4 3 2 1		freckle	4 3 2 1	
pigtail	4 3 2 1		scar	4 3 2 1	

continued →

CHALLENGE WORDS

birthmark	4 3 2 1		blackhead	4 3 2 1
blemish	4 3 2 1		hairline	4 3 2 1
mustache	4 3 2 1		pimple	4 3 2 1
pore	4 3 2 1		scalp	4 3 2 1
suntan	4 3 2 1		wart	4 3 2 1

158. Recreation/Sports Equipment

ball	4 3 2 1		bat	4 3 2 1
glove	4 3 2 1		swing	4 3 2 1
base	4 3 2 1		goal	4 3 2 1
net	4 3 2 1		softball	4 3 2 1
touchdown	4 3 2 1			

CHALLENGE WORDS

arcade	4 3 2 1		carousel	4 3 2 1
defense	4 3 2 1		homer	4 3 2 1
inning	4 3 2 1		knockout	4 3 2 1
offense	4 3 2 1		out	4 3 2 1
puck	4 3 2 1		target	4 3 2 1

159. Vehicles (Sea Transportation)

boat	4 3 2 1		canoe	4 3 2 1	
ship	4 3 2 1		raft	4 3 2 1	
submarine	4 3 2 1		tugboat	4 3 2 1	
yacht	4 3 2 1				
		CHALLENGE WORDS			
barge	4 3 2 1		battleship	4 3 2 1	
kayak	4 3 2 1		lifeboat	4 3 2 1	
motorboat	4 3 2 1		schooner	4 3 2 1	
shipwreck	4 3 2 1		vessel	4 3 2 1	

160. The Body (General)

body	4 3 2 1		lap	4 3 2 1	
neck	4 3 2 1		belly	4 3 2 1	
chest	4 3 2 1		hip	4 3 2 1	
waist	4 3 2 1				
		CHALLENGE WORDS			
limbs	4 3 2 1		mental	4 3 2 1	
nape	4 3 2 1		organ	4 3 2 1	

continued →

physical	4 3 2 1		scruff	4 3 2 1	
trunk	4 3 2 1		udder	4 3 2 1	
vertebrate	4 3 2 1				

161. Actions Harmful to Humans

hurt	4 3 2 1		kill	4 3 2 1	
punish	4 3 2 1		harm	4 3 2 1	
injure	4 3 2 1		murder	4 3 2 1	
shoot	4 3 2 1				
CHALLENGE WORDS					
assault	4 3 2 1		attack	4 3 2 1	
deadly	4 3 2 1		discipline	4 3 2 1	
offend	4 3 2 1		painful	4 3 2 1	
penalty	4 3 2 1		stun	4 3 2 1	
torment	4 3 2 1		torture	4 3 2 1	

162. Food-Related Actions

bake	4 3 2 1		boil	4 3 2 1	
cook	4 3 2 1		barbecue	4 3 2 1	

broil	4 3 2 1		fry	4 3 2 1
grill	4 3 2 1		roast	4 3 2 1
serve	4 3 2 1			
CHALLENGE WORDS				
brew	4 3 2 1		cookout	4 3 2 1
deteriorate	4 3 2 1		knead	4 3 2 1
scald	4 3 2 1		sift	4 3 2 1
simmer	4 3 2 1		spoil	4 3 2 1

163. Cutting Tools

axe	4 3 2 1		knife	4 3 2 1
scissors	4 3 2 1		blade	4 3 2 1
lawnmower	4 3 2 1		pocketknife	4 3 2 1
CHALLENGE WORDS				
barb	4 3 2 1		clipper	4 3 2 1
hatchet	4 3 2 1		jackknife	4 3 2 1
razor	4 3 2 1		scythe	4 3 2 1
sickle	4 3 2 1		straightedge	4 3 2 1

164. Containers

bag	4 3 2 1		basket	4 3 2 1	
bath	4 3 2 1		bathtub	4 3 2 1	
bottle	4 3 2 1		box	4 3 2 1	
bucket	4 3 2 1		jar	4 3 2 1	
barrel	4 3 2 1		coffeepot	4 3 2 1	
container	4 3 2 1		crate	4 3 2 1	
folder	4 3 2 1		hamper	4 3 2 1	
jug	4 3 2 1		package	4 3 2 1	
pail	4 3 2 1		pitcher	4 3 2 1	
sack	4 3 2 1		suitcase	4 3 2 1	
tub	4 3 2 1				
CHALLENGE WORDS					
baggage	4 3 2 1		basin	4 3 2 1	
cargo	4 3 2 1		case	4 3 2 1	
compartment	4 3 2 1		envelope	4 3 2 1	
holder	4 3 2 1		luggage	4 3 2 1	
packet	4 3 2 1		shipment	4 3 2 1	

165. Noises That Objects Make

bang	4 3 2 1		beep	4 3 2 1	
boom	4 3 2 1		ring	4 3 2 1	
tick	4 3 2 1		click	4 3 2 1	
creak	4 3 2 1		plop	4 3 2 1	
rattle	4 3 2 1		slam	4 3 2 1	
squeak	4 3 2 1		toot	4 3 2 1	
zoom	4 3 2 1				
		CHALLENGE WORDS			
clang	4 3 2 1		clink	4 3 2 1	
crunch	4 3 2 1		gurgle	4 3 2 1	
jingle	4 3 2 1		rustle	4 3 2 1	
swish	4 3 2 1		thump	4 3 2 1	

166. Mathematical Operations

count	4 3 2 1		addition	4 3 2 1	
add	4 3 2 1		subtraction	4 3 2 1	
subtract	4 3 2 1		plus	4 3 2 1	
minus	4 3 2 1		division	4 3 2 1	

continued →

divide	4 3 2 1		multiplication	4 3 2 1	
multiply	4 3 2 1		square	4 3 2 1	
cube	4 3 2 1				
CHALLENGE WORDS					
divisible	4 3 2 1		per	4 3 2 1	
tally	4 3 2 1		times	4 3 2 1	

167. Performers and Entertainers

clown	4 3 2 1		dancer	4 3 2 1	
actor	4 3 2 1		actress	4 3 2 1	
magician	4 3 2 1		model	4 3 2 1	
CHALLENGE WORDS					
comic	4 3 2 1		performer	4 3 2 1	
ventriloquist	4 3 2 1				

168. Hills and Mountains

hill	4 3 2 1		mountain	4 3 2 1	
cliff	4 3 2 1		hillside	4 3 2 1	
mound	4 3 2 1				
CHALLENGE WORDS					
crest	4 3 2 1		dune	4 3 2 1	

hilltop	4 3 2 1		mountainside	4 3 2 1	
mountaintop	4 3 2 1		plateau	4 3 2 1	
slope	4 3 2 1		volcano	4 3 2 1	

169. Lack of Motion

rest	4 3 2 1		stay	4 3 2 1	
delay	4 3 2 1		pause	4 3 2 1	
relax	4 3 2 1		remain	4 3 2 1	
wait	4 3 2 1				
CHALLENGE WORDS					
await	4 3 2 1		dangle	4 3 2 1	
hang	4 3 2 1		hesitate	4 3 2 1	
interrupt	4 3 2 1		intervene	4 3 2 1	
linger	4 3 2 1		postpone	4 3 2 1	
procrastinate	4 3 2 1		suspend	4 3 2 1	

170. Descending Motion

lie	4 3 2 1		sit	4 3 2 1	
crouch	4 3 2 1		kneel	4 3 2 1	

continued →

squat	4 3 2 1				
CHALLENGE WORDS					
flop	4 3 2 1		sprawl	4 3 2 1	
stoop	4 3 2 1				

171. Finding/Keeping

find	4 3 2 1		keep	4 3 2 1	
bury	4 3 2 1		hide	4 3 2 1	
spot	4 3 2 1				
CHALLENGE WORDS					
camouflage	4 3 2 1		conceal	4 3 2 1	
conserve	4 3 2 1		distinguish	4 3 2 1	
hoard	4 3 2 1		locate	4 3 2 1	
masquerade	4 3 2 1		pinpoint	4 3 2 1	
restrict	4 3 2 1		tuck	4 3 2 1	

172. Locations Where People Might Live

city	4 3 2 1		neighborhood	4 3 2 1	
state	4 3 2 1		town	4 3 2 1	
village	4 3 2 1		camp	4 3 2 1	

county	4 3 2 1		downtown	4 3 2 1	
ghetto	4 3 2 1		heaven	4 3 2 1	
slum	4 3 2 1		suburb	4 3 2 1	
CHALLENGE WORDS					
birthplace	4 3 2 1		capital	4 3 2 1	
colony	4 3 2 1		district	4 3 2 1	
empire	4 3 2 1		homeland	4 3 2 1	
kingdom	4 3 2 1		outskirts	4 3 2 1	

173. Royalty and Statesmen

king	4 3 2 1		mayor	4 3 2 1	
president	4 3 2 1		candidate	4 3 2 1	
knight	4 3 2 1		official	4 3 2 1	
prince	4 3 2 1		princess	4 3 2 1	
queen	4 3 2 1				
CHALLENGE WORDS					
ambassador	4 3 2 1		chief	4 3 2 1	
congressman	4 3 2 1		congresswoman	4 3 2 1	
dictator	4 3 2 1		diplomat	4 3 2 1	

continued →

| monarch | 4 3 2 1 | | politician | 4 3 2 1 | |
| senator | 4 3 2 1 | | vice president | 4 3 2 1 | |

174. Fruits

apple	4 3 2 1		banana	4 3 2 1	
cherry	4 3 2 1		grape	4 3 2 1	
orange	4 3 2 1		peach	4 3 2 1	
pear	4 3 2 1		strawberry	4 3 2 1	
avocado	4 3 2 1		berry	4 3 2 1	
blueberry	4 3 2 1		coconut	4 3 2 1	
cranberry	4 3 2 1		grapefruit	4 3 2 1	
lemon	4 3 2 1		melon	4 3 2 1	
pineapple	4 3 2 1		plum	4 3 2 1	
prune	4 3 2 1		raisin	4 3 2 1	
raspberry	4 3 2 1				
CHALLENGE WORDS					
applesauce	4 3 2 1		apricot	4 3 2 1	
fig	4 3 2 1		honeydew	4 3 2 1	

lime	4 3 2 1		tangerine	4 3 2 1	
watermelon	4 3 2 1				

175. Noises That Animals Make

bark	4 3 2 1		buzz	4 3 2 1	
meow	4 3 2 1		moo	4 3 2 1	
baa	4 3 2 1		cluck	4 3 2 1	
gobble	4 3 2 1		growl	4 3 2 1	
peep	4 3 2 1		purr	4 3 2 1	
quack	4 3 2 1				
CHALLENGE WORDS					
cackle	4 3 2 1		chirp	4 3 2 1	
croak	4 3 2 1		grunt	4 3 2 1	
honk	4 3 2 1		howl	4 3 2 1	
whinny	4 3 2 1		yowl	4 3 2 1	

176. Drinks

juice	4 3 2 1		milk	4 3 2 1	
pop	4 3 2 1		soup	4 3 2 1	

continued →

beer	4 3 2 1		chili	4 3 2 1	
coffee	4 3 2 1		soda	4 3 2 1	
stew	4 3 2 1		tea	4 3 2 1	
wine	4 3 2 1				
CHALLENGE WORDS					
alcohol	4 3 2 1		beverage	4 3 2 1	
broth	4 3 2 1		champagne	4 3 2 1	
cider	4 3 2 1		liquor	4 3 2 1	

177. Questioning

answer	4 3 2 1		ask	4 3 2 1	
call	4 3 2 1		offer	4 3 2 1	
question	4 3 2 1		reply	4 3 2 1	
request	4 3 2 1		respond	4 3 2 1	
test	4 3 2 1				
CHALLENGE WORDS					
beckon	4 3 2 1		bid	4 3 2 1	
confer	4 3 2 1		consult	4 3 2 1	
inquire	4 3 2 1		interview	4 3 2 1	

invite	4 3 2 1		poll	4 3 2 1	
propose	4 3 2 1		quiz	4 3 2 1	

178. Fabrics

cloth	4 3 2 1		rag	4 3 2 1	
thread	4 3 2 1		cotton	4 3 2 1	
lace	4 3 2 1		leather	4 3 2 1	
nylon	4 3 2 1		silk	4 3 2 1	
wool	4 3 2 1				
CHALLENGE WORDS					
denim	4 3 2 1		felt	4 3 2 1	
flannel	4 3 2 1		khaki	4 3 2 1	
linen	4 3 2 1		satin	4 3 2 1	
terry	4 3 2 1		textile	4 3 2 1	
velvet	4 3 2 1		yarn	4 3 2 1	

179. Recreational Events and Festivals

birthday	4 3 2 1		party	4 3 2 1	
recess	4 3 2 1		circus	4 3 2 1	

continued →

date	4 3 2 1		fair	4 3 2 1	
holiday	4 3 2 1		parade	4 3 2 1	
vacation	4 3 2 1				
CHALLENGE WORDS					
amusement	4 3 2 1		anniversary	4 3 2 1	
carnival	4 3 2 1		ceremony	4 3 2 1	
festival	4 3 2 1		honeymoon	4 3 2 1	
pageant	4 3 2 1		pastime	4 3 2 1	
prom	4 3 2 1				

180. Countries and Continents

country	4 3 2 1		nation	4 3 2 1	
continent	4 3 2 1		equator	4 3 2 1	
hemisphere	4 3 2 1				
CHALLENGE WORDS					
nationwide	4 3 2 1		sovereign	4 3 2 1	

181. Wooden Building Materials

stick	4 3 2 1		wood	4 3 2 1	
board	4 3 2 1		log	4 3 2 1	

post	4 3 2 1		timber	4 3 2 1	
CHALLENGE WORDS				
lumber	4 3 2 1		palette	4 3 2 1	
panel	4 3 2 1		pillar	4 3 2 1	
plywood	4 3 2 1		shingle	4 3 2 1	

182. Pulling and Pushing

pull	4 3 2 1		push	4 3 2 1	
drag	4 3 2 1		haul	4 3 2 1	
shove	4 3 2 1		yank	4 3 2 1	
CHALLENGE WORDS				
gravity	4 3 2 1		inject	4 3 2 1	
insert	4 3 2 1		lug	4 3 2 1	
propel	4 3 2 1		tow	4 3 2 1	

183. Recreation and Sports

game	4 3 2 1		recess	4 3 2 1	
contest	4 3 2 1		race	4 3 2 1	
recreation	4 3 2 1		sport	4 3 2 1	

continued →

CHALLENGE WORDS					
compete	4 3 2 1		competition	4 3 2 1	
derby	4 3 2 1		hobby	4 3 2 1	
marathon	4 3 2 1		match	4 3 2 1	
tournament	4 3 2 1				

184. Giving Up / Losing

show	4 3 2 1		trade	4 3 2 1	
borrow	4 3 2 1		lose	4 3 2 1	
loser	4 3 2 1		share	4 3 2 1	
CHALLENGE WORDS					
abandon	4 3 2 1		alternate	4 3 2 1	
displace	4 3 2 1		dispose	4 3 2 1	
eject	4 3 2 1		exchange	4 3 2 1	
lease	4 3 2 1		lend	4 3 2 1	
loan	4 3 2 1		swap	4 3 2 1	

185. Cleanliness/Hygiene

clean	4 3 2 1		wipe	4 3 2 1	
rinse	4 3 2 1		scrub	4 3 2 1	

sweep	4 3 2 1		wash	4 3 2 1	
CHALLENGE WORDS					
bathe	4 3 2 1		buff	4 3 2 1	
filter	4 3 2 1		hygiene	4 3 2 1	
immaculate	4 3 2 1		manicure	4 3 2 1	
polish	4 3 2 1		purge	4 3 2 1	
scour	4 3 2 1		sterile	4 3 2 1	

186. Attractiveness

pretty	4 3 2 1		ugly	4 3 2 1	
beautiful	4 3 2 1		cute	4 3 2 1	
handsome	4 3 2 1		lovely	4 3 2 1	
CHALLENGE WORDS					
adorable	4 3 2 1		breathtaking	4 3 2 1	
classic	4 3 2 1		elegant	4 3 2 1	
exquisite	4 3 2 1		formal	4 3 2 1	
gorgeous	4 3 2 1		hideous	4 3 2 1	
sightly	4 3 2 1		unattractive	4 3 2 1	

187. Physical Trait (Size)

fat	4 3 2 1		heavy	4 3 2 1	
chubby	4 3 2 1		lean	4 3 2 1	
skinny	4 3 2 1		slim	4 3 2 1	
CHALLENGE WORDS					
burly	4 3 2 1		dainty	4 3 2 1	
husky	4 3 2 1		obese	4 3 2 1	
plump	4 3 2 1		pudgy	4 3 2 1	
slender	4 3 2 1		slight	4 3 2 1	
stout	4 3 2 1				

188. Rodents

mouse	4 3 2 1		squirrel	4 3 2 1	
beaver	4 3 2 1		groundhog	4 3 2 1	
hamster	4 3 2 1		rat	4 3 2 1	
CHALLENGE WORDS					
chipmunk	4 3 2 1		muskrat	4 3 2 1	
otter	4 3 2 1		porcupine	4 3 2 1	
rodent	4 3 2 1		woodchuck	4 3 2 1	

189. Dwellings for Animals

nest	4 3 2 1		zoo	4 3 2 1	
aquarium	4 3 2 1		beehive	4 3 2 1	
birdhouse	4 3 2 1		cocoon	4 3 2 1	
hive	4 3 2 1				
CHALLENGE WORDS					
perch	4 3 2 1		roost	4 3 2 1	
stable	4 3 2 1		stall	4 3 2 1	

190. Places Related to Sports/Entertainment

theater	4 3 2 1		court	4 3 2 1	
gym	4 3 2 1		stadium	4 3 2 1	
CHALLENGE WORDS					
arena	4 3 2 1		auditorium	4 3 2 1	
coliseum	4 3 2 1		grandstand	4 3 2 1	
opera	4 3 2 1		playhouse	4 3 2 1	
rink	4 3 2 1				

191. Body Fluids

blood	4 3 2 1		bleed	4 3 2 1	
sweat	4 3 2 1				
CHALLENGE WORDS					
artery	4 3 2 1		circulate	4 3 2 1	
clot	4 3 2 1		mucus	4 3 2 1	
perspiration	4 3 2 1		pus	4 3 2 1	
saliva	4 3 2 1		vein	4 3 2 1	
vessel	4 3 2 1				

192. Vegetation (Other)

grass	4 3 2 1		lawn	4 3 2 1	
root	4 3 2 1		vine	4 3 2 1	
CHALLENGE WORDS					
algae	4 3 2 1		bamboo	4 3 2 1	
cattail	4 3 2 1		cob	4 3 2 1	
fern	4 3 2 1		fungus	4 3 2 1	
hay	4 3 2 1		mushroom	4 3 2 1	
straw	4 3 2 1		thatch	4 3 2 1	

193. Inclination

flat	4 3 2 1		even	4 3 2 1	
lean	4 3 2 1		level	4 3 2 1	
steep	4 3 2 1				
CHALLENGE WORDS					
erect	4 3 2 1		incline	4 3 2 1	
plumb	4 3 2 1		slant	4 3 2 1	
tilt	4 3 2 1				

194. Animals (General)

animal	4 3 2 1		pet	4 3 2 1	
wildlife	4 3 2 1				
CHALLENGE WORDS					
amphibian	4 3 2 1		beast	4 3 2 1	
carnivorous	4 3 2 1		creature	4 3 2 1	
fossil	4 3 2 1		mammal	4 3 2 1	
mascot	4 3 2 1		prey	4 3 2 1	

195. Visual Perceptions and Images

appearance	4 3 2 1		badge	4 3 2 1	
flag	4 3 2 1		image	4 3 2 1	
scene	4 3 2 1		sight	4 3 2 1	
view	4 3 2 1				
CHALLENGE WORDS					
demonstration	4 3 2 1		display	4 3 2 1	
identify	4 3 2 1		phenomenon	4 3 2 1	
reflect	4 3 2 1		reveal	4 3 2 1	
scope	4 3 2 1		witness	4 3 2 1	

196. Breathing

blow	4 3 2 1		breath	4 3 2 1	
choke	4 3 2 1		exhale	4 3 2 1	
CHALLENGE WORDS					
pant	4 3 2 1		puff	4 3 2 1	
respire	4 3 2 1		strangle	4 3 2 1	
whiff	4 3 2 1				

197. Feeling and Striking

hit	4 3 2 1		slap	4 3 2 1	
spank	4 3 2 1		touch	4 3 2 1	
beat	4 3 2 1		feel	4 3 2 1	
knock	4 3 2 1		pat	4 3 2 1	
pound	4 3 2 1		punch	4 3 2 1	
smash	4 3 2 1		tap	4 3 2 1	
tickle	4 3 2 1				
CHALLENGE WORDS					
jab	4 3 2 1		knead	4 3 2 1	
nudge	4 3 2 1		poke	4 3 2 1	
smack	4 3 2 1		strike	4 3 2 1	
stroke	4 3 2 1		whack	4 3 2 1	

198. Communication (Confrontation / Negative Information)

blame	4 3 2 1		cheat	4 3 2 1	
lie	4 3 2 1		accuse	4 3 2 1	
argue	4 3 2 1		complain	4 3 2 1	
dare	4 3 2 1		disagree	4 3 2 1	

continued →

disobey	4 3 2 1		quarrel	4 3 2 1	
scold	4 3 2 1		tease	4 3 2 1	
warn	4 3 2 1				
CHALLENGE WORDS					
annoy	4 3 2 1		criticism	4 3 2 1	
decline	4 3 2 1		embarrass	4 3 2 1	
exaggerate	4 3 2 1		rumor	4 3 2 1	
threaten	4 3 2 1		trial	4 3 2 1	
warning	4 3 2 1				

199. Angular and Circular Motions

around	4 3 2 1		roll	4 3 2 1	
turn	4 3 2 1		clockwise	4 3 2 1	
counterclockwise	4 3 2 1		rotate	4 3 2 1	
spin	4 3 2 1		surround	4 3 2 1	
swing	4 3 2 1		twirl	4 3 2 1	
twist	4 3 2 1				
CHALLENGE WORDS					
circulation	4 3 2 1		invert	4 3 2 1	

orbit	4 3 2 1		reciprocal	4 3 2 1	
recoil	4 3 2 1		reverse	4 3 2 1	
revolve	4 3 2 1		swerve	4 3 2 1	
swirl	4 3 2 1		whirl	4 3 2 1	

200. Social and Political Groups

country	4 3 2 1		family	4 3 2 1	
community	4 3 2 1		democracy	4 3 2 1	
nation	4 3 2 1		race	4 3 2 1	
society	4 3 2 1		tribe	4 3 2 1	
CHALLENGE WORDS					
civilization	4 3 2 1		clan	4 3 2 1	
congress	4 3 2 1		culture	4 3 2 1	
federal	4 3 2 1		international	4 3 2 1	
national	4 3 2 1		republic	4 3 2 1	

201. Money/Goods (Received)

gift	4 3 2 1		prize	4 3 2 1	
award	4 3 2 1		medal	4 3 2 1	

continued →

reward	4 3 2 1		savings	4 3 2 1	
treasure	4 3 2 1				
CHALLENGE WORDS					
allowance	4 3 2 1		credit	4 3 2 1	
fortune	4 3 2 1		income	4 3 2 1	
insurance	4 3 2 1		profit	4 3 2 1	
refund	4 3 2 1		salary	4 3 2 1	

202. Texture

hard	4 3 2 1		soft	4 3 2 1	
bumpy	4 3 2 1		firm	4 3 2 1	
rough	4 3 2 1		smooth	4 3 2 1	
tight	4 3 2 1				
CHALLENGE WORDS					
coarse	4 3 2 1		crisp	4 3 2 1	
rigid	4 3 2 1		solid	4 3 2 1	
stiff	4 3 2 1		tangible	4 3 2 1	
taut	4 3 2 1		texture	4 3 2 1	
tough	4 3 2 1				

203. Males

boy	4 3 2 1		man	4 3 2 1	
guy	4 3 2 1		male	4 3 2 1	
schoolboy	4 3 2 1		sir	4 3 2 1	
CHALLENGE WORDS					
bachelor	4 3 2 1		dude	4 3 2 1	
fellow	4 3 2 1		host	4 3 2 1	
junior	4 3 2 1		lad	4 3 2 1	
masculine	4 3 2 1		mister	4 3 2 1	

204. Names That Indicate Age

baby	4 3 2 1		child	4 3 2 1	
adult	4 3 2 1		grown-up	4 3 2 1	
kid	4 3 2 1		teenager	4 3 2 1	
toddler	4 3 2 1				
CHALLENGE WORDS					
elder	4 3 2 1		infant	4 3 2 1	
juvenile	4 3 2 1		minor	4 3 2 1	
newborn	4 3 2 1		senior	4 3 2 1	
tot	4 3 2 1		youngster	4 3 2 1	

205. Names That Indicate Camaraderie/Friendship

friend	4 3 2 1		neighbor	4 3 2 1	
boyfriend	4 3 2 1		classmate	4 3 2 1	
pal	4 3 2 1		partner	4 3 2 1	
playmate	4 3 2 1				
		CHALLENGE WORDS			
acquaintance	4 3 2 1		buddy	4 3 2 1	
companion	4 3 2 1		fiancé(e)	4 3 2 1	
mate	4 3 2 1		peer	4 3 2 1	
sweetheart	4 3 2 1		teammate	4 3 2 1	

206. Names That Indicate Negative Characteristics About People

bandit	4 3 2 1		villain	4 3 2 1	
bully	4 3 2 1		criminal	4 3 2 1	
enemy	4 3 2 1		killer	4 3 2 1	
liar	4 3 2 1		pirate	4 3 2 1	
thief	4 3 2 1				
		CHALLENGE WORDS			
burglar	4 3 2 1		delinquent	4 3 2 1	
fool	4 3 2 1		gossip	4 3 2 1	

moron	4 3 2 1		nuisance	4 3 2 1	
opponent	4 3 2 1		pest	4 3 2 1	
rival	4 3 2 1		snob	4 3 2 1	

207. Communication (Supervision/Commands)

correct	4 3 2 1		let	4 3 2 1	
obey	4 3 2 1		advice	4 3 2 1	
allow	4 3 2 1		command	4 3 2 1	
control	4 3 2 1		demand	4 3 2 1	
direct	4 3 2 1		direction	4 3 2 1	
excuse	4 3 2 1		forbid	4 3 2 1	
force	4 3 2 1		permit	4 3 2 1	
refuse	4 3 2 1		remind	4 3 2 1	
require	4 3 2 1				
CHALLENGE WORDS					
administer	4 3 2 1		authority	4 3 2 1	
ban	4 3 2 1		compel	4 3 2 1	
compromise	4 3 2 1		deny	4 3 2 1	

continued →

instruction	4 3 2 1		leadership	4 3 2 1	
regulate	4 3 2 1		submit	4 3 2 1	

208. Vegetables, Grains, and Nuts

carrot	4 3 2 1		corn	4 3 2 1	
nut	4 3 2 1		peanut	4 3 2 1	
popcorn	4 3 2 1		seed	4 3 2 1	
almond	4 3 2 1		bean	4 3 2 1	
cashew	4 3 2 1		celery	4 3 2 1	
cucumber	4 3 2 1		lettuce	4 3 2 1	
olive	4 3 2 1		onion	4 3 2 1	
peas	4 3 2 1		pickle	4 3 2 1	
potato	4 3 2 1		pumpkin	4 3 2 1	
rice	4 3 2 1		spinach	4 3 2 1	
squash	4 3 2 1		tomato	4 3 2 1	
walnut	4 3 2 1		wheat	4 3 2 1	
		CHALLENGE WORDS			
asparagus	4 3 2 1		cabbage	4 3 2 1	
cauliflower	4 3 2 1		eggplant	4 3 2 1	

maize	4 3 2 1		radish	4 3 2 1	
turnip	4 3 2 1		yam	4 3 2 1	

209. Sports (Specific Types)

baseball	4 3 2 1		soccer	4 3 2 1	
softball	4 3 2 1		swim	4 3 2 1	
swimming	4 3 2 1		basketball	4 3 2 1	
bicycle	4 3 2 1		bowling	4 3 2 1	
boxing	4 3 2 1		football	4 3 2 1	
golf	4 3 2 1		hockey	4 3 2 1	
racing	4 3 2 1		skate	4 3 2 1	
skating	4 3 2 1		ski	4 3 2 1	
skiing	4 3 2 1		tennis	4 3 2 1	
volleyball	4 3 2 1		wrestling	4 3 2 1	
		CHALLENGE WORDS			
archery	4 3 2 1		badminton	4 3 2 1	
croquet	4 3 2 1		fencing	4 3 2 1	
lacrosse	4 3 2 1				

210. Places Where Goods Can Be Bought/Sold

grocery	4 3 2 1		store	4 3 2 1	
bakery	4 3 2 1		bookstore	4 3 2 1	
cafeteria	4 3 2 1		drugstore	4 3 2 1	
lunchroom	4 3 2 1		restaurant	4 3 2 1	
		CHALLENGE WORDS			
booth	4 3 2 1		café	4 3 2 1	
market	4 3 2 1		pharmacy	4 3 2 1	
salon	4 3 2 1		supermarket	4 3 2 1	

211. Courage and Loyalty

brave	4 3 2 1		courage	4 3 2 1	
heroic	4 3 2 1		honest	4 3 2 1	
loyal	4 3 2 1				
		CHALLENGE WORDS			
adventurous	4 3 2 1		allegiance	4 3 2 1	
bold	4 3 2 1		bravery	4 3 2 1	
chivalry	4 3 2 1		courageous	4 3 2 1	
devotion	4 3 2 1		gallant	4 3 2 1	
obedience	4 3 2 1		valor	4 3 2 1	

212. Clothing Parts

button	4 3 2 1		collar	4 3 2 1	
sleeve	4 3 2 1		zipper	4 3 2 1	
CHALLENGE WORDS					
bib	4 3 2 1		cuff	4 3 2 1	
frill	4 3 2 1		fringe	4 3 2 1	
hem	4 3 2 1		pompom	4 3 2 1	
ruff	4 3 2 1		ruffle	4 3 2 1	
seam	4 3 2 1		tassel	4 3 2 1	

213. Muscles, Bones, and Nerves

bone	4 3 2 1		joint	4 3 2 1	
muscle	4 3 2 1		skeleton	4 3 2 1	
CHALLENGE WORDS					
backbone	4 3 2 1		cartilage	4 3 2 1	
ligament	4 3 2 1		nerve	4 3 2 1	
rib	4 3 2 1		spine	4 3 2 1	
tendon	4 3 2 1				

214. Money/Goods (Paid Out)

price	4 3 2 1		cost	4 3 2 1	
payment	4 3 2 1		rent	4 3 2 1	
CHALLENGE WORDS					
debt	4 3 2 1		fee	4 3 2 1	
levy	4 3 2 1		mortgage	4 3 2 1	
product	4 3 2 1		tariff	4 3 2 1	
tax	4 3 2 1		tuition	4 3 2 1	

215. Completion

end	4 3 2 1		complete	4 3 2 1	
finish	4 3 2 1		last	4 3 2 1	
CHALLENGE WORDS					
accomplish	4 3 2 1		completion	4 3 2 1	
deadline	4 3 2 1		deed	4 3 2 1	
final	4 3 2 1		fulfill	4 3 2 1	
graduate	4 3 2 1				

216. Shifting Motion

slip	4 3 2 1		rock	4 3 2 1	
skid	4 3 2 1		slide	4 3 2 1	
		CHALLENGE WORDS			
shift	4 3 2 1		sway	4 3 2 1	

217. Fences and Ledges

gate	4 3 2 1		fence	4 3 2 1	
mailbox	4 3 2 1		shelf	4 3 2 1	
		CHALLENGE WORDS			
curb	4 3 2 1		gutter	4 3 2 1	
hedge	4 3 2 1		ledge	4 3 2 1	
screen	4 3 2 1		trellis	4 3 2 1	

218. Crookedness/Straightness

line	4 3 2 1		bent	4 3 2 1	
crooked	4 3 2 1		cross	4 3 2 1	
straight	4 3 2 1		stripe	4 3 2 1	
		CHALLENGE WORDS			
beeline	4 3 2 1		crisscross	4 3 2 1	
strip	4 3 2 1		zigzag	4 3 2 1	

219. Alphabet and Letters

alphabet	4 3 2 1		consonant	4 3 2 1	
letter	4 3 2 1		symbol	4 3 2 1	
vowel	4 3 2 1				
CHALLENGE WORDS					
alpha	4 3 2 1		alphabetically	4 3 2 1	
beta	4 3 2 1		Braille	4 3 2 1	
code	4 3 2 1		cuneiform	4 3 2 1	
italic	4 3 2 1				

220. Fire

fire	4 3 2 1		burn	4 3 2 1	
campfire	4 3 2 1		flame	4 3 2 1	
spark	4 3 2 1				
CHALLENGE WORDS					
blaze	4 3 2 1		bonfire	4 3 2 1	
ignite	4 3 2 1		singe	4 3 2 1	
sizzle	4 3 2 1		smolder	4 3 2 1	
torch	4 3 2 1		wildfire	4 3 2 1	

221. Ease and Difficulty

easy	4 3 2 1		difficult	4 3 2 1	
impossible	4 3 2 1		problem	4 3 2 1	
CHALLENGE WORDS					
cinch	4 3 2 1		convenient	4 3 2 1	
difficulty	4 3 2 1		ease	4 3 2 1	
fluent	4 3 2 1		grueling	4 3 2 1	
hardship	4 3 2 1		simplify	4 3 2 1	
unbearable	4 3 2 1		uneasy	4 3 2 1	

222. Tastes Related to Food

taste	4 3 2 1		flavor	4 3 2 1	
juicy	4 3 2 1		ripe	4 3 2 1	
sour	4 3 2 1		sweet	4 3 2 1	
tasty	4 3 2 1				
CHALLENGE WORDS					
bitter	4 3 2 1		delicious	4 3 2 1	
edible	4 3 2 1		savor	4 3 2 1	
stale	4 3 2 1		succulent	4 3 2 1	
tangy	4 3 2 1				

223. Cleaning Tools

brush	4 3 2 1		soap	4 3 2 1	
broomstick	4 3 2 1		floss	4 3 2 1	
mop	4 3 2 1		shampoo	4 3 2 1	
sponge	4 3 2 1		suds	4 3 2 1	
toothbrush	4 3 2 1		toothpaste	4 3 2 1	
		CHALLENGE WORDS			
bleach	4 3 2 1		broom	4 3 2 1	
cleaner	4 3 2 1		detergent	4 3 2 1	
lather	4 3 2 1		lotion	4 3 2 1	
toothpick	4 3 2 1		vacuum	4 3 2 1	

224. Clothing and Grooming Accessories

brush	4 3 2 1		comb	4 3 2 1	
handkerchief	4 3 2 1		buckle	4 3 2 1	
fan	4 3 2 1		jewelry	4 3 2 1	
kerchief	4 3 2 1		necklace	4 3 2 1	
perfume	4 3 2 1		pin	4 3 2 1	
ribbon	4 3 2 1		ring	4 3 2 1	

scarf	4 3 2 1		tie	4 3 2 1	
umbrella	4 3 2 1				
CHALLENGE WORDS					
bandana	4 3 2 1		bracelet	4 3 2 1	
cane	4 3 2 1		cologne	4 3 2 1	
cosmetics	4 3 2 1		locket	4 3 2 1	
muffler	4 3 2 1		pendant	4 3 2 1	
razor	4 3 2 1		suspender	4 3 2 1	

225. Mental Exploration

news	4 3 2 1		search	4 3 2 1	
analyze	4 3 2 1		examine	4 3 2 1	
experiment	4 3 2 1		explore	4 3 2 1	
homework	4 3 2 1		investigate	4 3 2 1	
lesson	4 3 2 1		schoolwork	4 3 2 1	
CHALLENGE WORDS					
hypothesis	4 3 2 1		imprint	4 3 2 1	
inspect	4 3 2 1		inspection	4 3 2 1	

continued →

probe	4 3 2 1		research	4 3 2 1	
review	4 3 2 1		survey	4 3 2 1	

226. Wind and Storms

storm	4 3 2 1		thunder	4 3 2 1	
blizzard	4 3 2 1		downpour	4 3 2 1	
draft	4 3 2 1		hurricane	4 3 2 1	
lightning	4 3 2 1		thunderstorm	4 3 2 1	
tornado	4 3 2 1		wind	4 3 2 1	
CHALLENGE WORDS					
breeze	4 3 2 1		cyclone	4 3 2 1	
gust	4 3 2 1		monsoon	4 3 2 1	
rainstorm	4 3 2 1		snowstorm	4 3 2 1	
squall	4 3 2 1		thunderbolt	4 3 2 1	
twister	4 3 2 1		windstorm	4 3 2 1	

227. Names for Spiritual/Mythological Characters

angel	4 3 2 1		god	4 3 2 1	
cupid	4 3 2 1		devil	4 3 2 1	
elf	4 3 2 1		fairy	4 3 2 1	

ghost	4 3 2 1		monster	4 3 2 1	
witch	4 3 2 1		wizard	4 3 2 1	
CHALLENGE WORDS					
deity	4 3 2 1		genie	4 3 2 1	
goblin	4 3 2 1		phantom	4 3 2 1	
saint	4 3 2 1		soul	4 3 2 1	
vampire	4 3 2 1		werewolf	4 3 2 1	

228. Goodness and Kindness

thankful	4 3 2 1		considerate	4 3 2 1	
courteous	4 3 2 1		gentle	4 3 2 1	
grateful	4 3 2 1		kind	4 3 2 1	
nice	4 3 2 1		polite	4 3 2 1	
respectful	4 3 2 1				
CHALLENGE WORDS					
affectionate	4 3 2 1		amiable	4 3 2 1	
generous	4 3 2 1		hospitality	4 3 2 1	
kindness	4 3 2 1		sensitive	4 3 2 1	
sympathetic	4 3 2 1		tender	4 3 2 1	
thoughtful	4 3 2 1		unselfish	4 3 2 1	

229. Names of People in Sports

athlete	4 3 2 1		batter	4 3 2 1	
boxer	4 3 2 1		catcher	4 3 2 1	
coach	4 3 2 1		loser	4 3 2 1	
runner	4 3 2 1		winner	4 3 2 1	
CHALLENGE WORDS					
acrobat	4 3 2 1		daredevil	4 3 2 1	
jockey	4 3 2 1		lifeguard	4 3 2 1	
player	4 3 2 1		referee	4 3 2 1	
timekeeper	4 3 2 1		trainer	4 3 2 1	
umpire	4 3 2 1		underdog	4 3 2 1	

230. Disease

sick	4 3 2 1		disease	4 3 2 1	
health	4 3 2 1		ill	4 3 2 1	
injury	4 3 2 1		well	4 3 2 1	
CHALLENGE WORDS					
ailment	4 3 2 1		condition	4 3 2 1	
contagious	4 3 2 1		epidemic	4 3 2 1	
famine	4 3 2 1		infection	4 3 2 1	

plague	4 3 2 1		sickness	4 3 2 1	
symptom	4 3 2 1		wholesome	4 3 2 1	

231. Medicine

pill	4 3 2 1		aspirin	4 3 2 1	
bandage	4 3 2 1		crutch	4 3 2 1	
medicine	4 3 2 1		vitamin	4 3 2 1	
CHALLENGE WORDS					
antibiotics	4 3 2 1		diagnose	4 3 2 1	
dose	4 3 2 1		drug	4 3 2 1	
operate	4 3 2 1		remedy	4 3 2 1	
surgery	4 3 2 1		therapy	4 3 2 1	
treatment	4 3 2 1		vaccine	4 3 2 1	

232. Hunger and Thirst

hungry	4 3 2 1		hunger	4 3 2 1	
starve	4 3 2 1		thirst	4 3 2 1	
thirsty	4 3 2 1				
CHALLENGE WORDS					
appetite	4 3 2 1				

continued →

233. Time (General)

time	4 3 2 1		bedtime	4 3 2 1	
daytime	4 3 2 1		dinnertime	4 3 2 1	
lunchtime	4 3 2 1				
CHALLENGE WORDS					
lifetime	4 3 2 1		mealtime	4 3 2 1	
springtime	4 3 2 1		summertime	4 3 2 1	
suppertime	4 3 2 1		wartime	4 3 2 1	
wintertime	4 3 2 1				

234. Parts of Vehicles

paddle	4 3 2 1		steering wheel	4 3 2 1	
anchor	4 3 2 1		fender	4 3 2 1	
mirror	4 3 2 1		oar	4 3 2 1	
parachute	4 3 2 1		seatbelt	4 3 2 1	
tail	4 3 2 1		tire	4 3 2 1	
trunk	4 3 2 1		wing	4 3 2 1	
CHALLENGE WORDS					
axle	4 3 2 1		dashboard	4 3 2 1	
deck	4 3 2 1		gangplank	4 3 2 1	

hub	4 3 2 1		mast	4 3 2 1	
propeller	4 3 2 1		rotor	4 3 2 1	
rudder	4 3 2 1		windshield	4 3 2 1	

235. Contractions (Not)

don't	4 3 2 1		isn't	4 3 2 1	
ain't	4 3 2 1		aren't	4 3 2 1	
can't	4 3 2 1		couldn't	4 3 2 1	
doesn't	4 3 2 1		hasn't	4 3 2 1	
haven't	4 3 2 1		shouldn't	4 3 2 1	
weren't	4 3 2 1		won't	4 3 2 1	
wouldn't	4 3 2 1				
CHALLENGE WORDS					
hadn't	4 3 2 1		mustn't	4 3 2 1	
wasn't	4 3 2 1				

236. Occupations (General)

job	4 3 2 1		career	4 3 2 1	
chore	4 3 2 1		housework	4 3 2 1	

continued →

profession	4 3 2 1		task	4 3 2 1	
worker	4 3 2 1				
CHALLENGE WORDS					
craft	4 3 2 1		errand	4 3 2 1	
livelihood	4 3 2 1		occupation	4 3 2 1	
production	4 3 2 1		profession	4 3 2 1	
role	4 3 2 1		sideline	4 3 2 1	
vocation	4 3 2 1				

237. Rocks and Jewels

rock	4 3 2 1		boulder	4 3 2 1	
diamond	4 3 2 1		jewel	4 3 2 1	
marble	4 3 2 1		stone	4 3 2 1	
CHALLENGE WORDS					
coal	4 3 2 1		cobblestone	4 3 2 1	
crystal	4 3 2 1		emerald	4 3 2 1	
gem	4 3 2 1		granite	4 3 2 1	
gravel	4 3 2 1		pearl	4 3 2 1	
ruby	4 3 2 1		slate	4 3 2 1	

238. Words, Phrases, and Sentences

word	4 3 2 1		adjective	4 3 2 1	
adverb	4 3 2 1		noun	4 3 2 1	
sentence	4 3 2 1		verb	4 3 2 1	
CHALLENGE WORDS					
antonym	4 3 2 1		conjunction	4 3 2 1	
homonym	4 3 2 1		phrase	4 3 2 1	
prefix	4 3 2 1		preposition	4 3 2 1	
pronoun	4 3 2 1		subject	4 3 2 1	
suffix	4 3 2 1		synonym	4 3 2 1	

239. Art

art	4 3 2 1		painting	4 3 2 1	
photo	4 3 2 1		photograph	4 3 2 1	
picture	4 3 2 1		statue	4 3 2 1	
CHALLENGE WORDS					
album	4 3 2 1		mosaic	4 3 2 1	
mural	4 3 2 1		portfolio	4 3 2 1	
portrait	4 3 2 1		snapshot	4 3 2 1	

240. Safety and Danger

safe	4 3 2 1		danger	4 3 2 1	
dangerous	4 3 2 1		risk	4 3 2 1	
trouble	4 3 2 1		unsafe	4 3 2 1	
		CHALLENGE WORDS			
harmful	4 3 2 1		harmless	4 3 2 1	
hazard	4 3 2 1		immune	4 3 2 1	
jeopardy	4 3 2 1		peril	4 3 2 1	
pitfall	4 3 2 1		protective	4 3 2 1	
secure	4 3 2 1		treacherous	4 3 2 1	

241. Actions Associated With the Nose

smell	4 3 2 1		sneeze	4 3 2 1	
sniff	4 3 2 1		snore	4 3 2 1	
snort	4 3 2 1		stink	4 3 2 1	
		CHALLENGE WORDS			
aroma	4 3 2 1		fragrant	4 3 2 1	
fume	4 3 2 1		inhale	4 3 2 1	
odor	4 3 2 1		perfume	4 3 2 1	

reek	4 3 2 1		scent	4 3 2 1	
stench	4 3 2 1				

242. Abrasive/Cutting Actions

cut	4 3 2 1		rub	4 3 2 1	
carve	4 3 2 1		chop	4 3 2 1	
clip	4 3 2 1		dig	4 3 2 1	
mow	4 3 2 1		peel	4 3 2 1	
scoop	4 3 2 1		scratch	4 3 2 1	
shave	4 3 2 1		slice	4 3 2 1	
snip	4 3 2 1		stab	4 3 2 1	
CHALLENGE WORDS					
bulldoze	4 3 2 1		crop	4 3 2 1	
grate	4 3 2 1		grind	4 3 2 1	
hack	4 3 2 1		mince	4 3 2 1	
pierce	4 3 2 1		scrape	4 3 2 1	
shred	4 3 2 1		slit	4 3 2 1	

243. Lack of Value

bad	4 3 2 1		awful	4 3 2 1	
evil	4 3 2 1		terrible	4 3 2 1	
wicked	4 3 2 1		worse	4 3 2 1	
worst	4 3 2 1				
		CHALLENGE WORDS			
corrupt	4 3 2 1		horrible	4 3 2 1	
negative	4 3 2 1		petty	4 3 2 1	
sinister	4 3 2 1		useless	4 3 2 1	
worthless	4 3 2 1				

244. Musical Instruments

instrument	4 3 2 1		banjo	4 3 2 1	
drum	4 3 2 1		guitar	4 3 2 1	
piano	4 3 2 1		triangle	4 3 2 1	
violin	4 3 2 1				
		CHALLENGE WORDS			
cello	4 3 2 1		clarinet	4 3 2 1	
flute	4 3 2 1		harmonica	4 3 2 1	

keyboard	4 3 2 1		saxophone	4 3 2 1	
trumpet	4 3 2 1		ukulele	4 3 2 1	

245. Birth, Life, and Death

dead	4 3 2 1		alive	4 3 2 1	
born	4 3 2 1		die	4 3 2 1	
egg	4 3 2 1		hatch	4 3 2 1	
life	4 3 2 1		live	4 3 2 1	
wake	4 3 2 1				
CHALLENGE WORDS					
animate	4 3 2 1		birth	4 3 2 1	
dwell	4 3 2 1		extinct	4 3 2 1	
gene	4 3 2 1		inhabit	4 3 2 1	
mortal	4 3 2 1		populate	4 3 2 1	
reproduction	4 3 2 1		suffocate	4 3 2 1	

246. Types of Food

food	4 3 2 1		crop	4 3 2 1	
fruit	4 3 2 1		meat	4 3 2 1	

continued →

seafood	4 3 2 1		sweets	4 3 2 1	
vegetables	4 3 2 1				
CHALLENGE WORDS					
calorie	4 3 2 1		carbohydrate	4 3 2 1	
diet	4 3 2 1		legume	4 3 2 1	
nourishment	4 3 2 1		nutrient	4 3 2 1	
nutrition	4 3 2 1		protein	4 3 2 1	

247. Joining

meet	4 3 2 1		attach	4 3 2 1	
combine	4 3 2 1		connect	4 3 2 1	
fasten	4 3 2 1		include	4 3 2 1	
join	4 3 2 1		marriage	4 3 2 1	
marry	4 3 2 1		stick	4 3 2 1	
wedding	4 3 2 1				
CHALLENGE WORDS					
accompany	4 3 2 1		associate	4 3 2 1	
connection	4 3 2 1		consist	4 3 2 1	
contain	4 3 2 1		engage	4 3 2 1	

intersect	4 3 2 1		involve	4 3 2 1	
link	4 3 2 1		unite	4 3 2 1	

248. Publication Types

book	4 3 2 1		bible	4 3 2 1	
booklet	4 3 2 1		chapter	4 3 2 1	
cookbook	4 3 2 1		diary	4 3 2 1	
dictionary	4 3 2 1		essay	4 3 2 1	
journal	4 3 2 1		magazine	4 3 2 1	
newspaper	4 3 2 1		novel	4 3 2 1	
outline	4 3 2 1		storybook	4 3 2 1	
summary	4 3 2 1		text	4 3 2 1	
textbook	4 3 2 1				
CHALLENGE WORDS					
almanac	4 3 2 1		article	4 3 2 1	
atlas	4 3 2 1		autobiography	4 3 2 1	
bibliography	4 3 2 1		biography	4 3 2 1	
glossary	4 3 2 1		thesaurus	4 3 2 1	
thesis	4 3 2 1				

249. Conclusions

guess	4 3 2 1		calculate	4 3 2 1	
clue	4 3 2 1		compose	4 3 2 1	
conclude	4 3 2 1		create	4 3 2 1	
design	4 3 2 1		estimate	4 3 2 1	
fact	4 3 2 1		information	4 3 2 1	
invent	4 3 2 1		invention	4 3 2 1	
mystery	4 3 2 1		predict	4 3 2 1	
prove	4 3 2 1		solve	4 3 2 1	
suppose	4 3 2 1				
CHALLENGE WORDS					
assume	4 3 2 1		confirm	4 3 2 1	
determine	4 3 2 1		discovery	4 3 2 1	
evaluate	4 3 2 1		evidence	4 3 2 1	
forecast	4 3 2 1		prediction	4 3 2 1	

250. Destructive Actions

accident	4 3 2 1		break	4 3 2 1	
crash	4 3 2 1		crush	4 3 2 1	

damage	4 3 2 1		dent	4 3 2 1	
destroy	4 3 2 1		mark	4 3 2 1	
ruin	4 3 2 1		scratch	4 3 2 1	
waste	4 3 2 1		wreck	4 3 2 1	
		CHALLENGE WORDS			
chip	4 3 2 1		demolish	4 3 2 1	
devastate	4 3 2 1		erase	4 3 2 1	
extinguish	4 3 2 1		fracture	4 3 2 1	
mash	4 3 2 1		puncture	4 3 2 1	
shatter	4 3 2 1		wreckage	4 3 2 1	

251. Building Materials (General)

bar	4 3 2 1		brick	4 3 2 1	
cardboard	4 3 2 1		paste	4 3 2 1	
pipe	4 3 2 1		plastic	4 3 2 1	
sewer	4 3 2 1		tube	4 3 2 1	
wire	4 3 2 1				
		CHALLENGE WORDS			
cement	4 3 2 1		ceramic	4 3 2 1	

continued →

concrete	4 3 2 1		fixture	4 3 2 1	
pavement	4 3 2 1		plaster	4 3 2 1	
pole	4 3 2 1		putty	4 3 2 1	
support	4 3 2 1		tile	4 3 2 1	

252. Similarity

alike	4 3 2 1		copy	4 3 2 1	
equal	4 3 2 1		even	4 3 2 1	
example	4 3 2 1		like	4 3 2 1	
same	4 3 2 1		similar	4 3 2 1	
twin	4 3 2 1				
CHALLENGE WORDS					
agreement	4 3 2 1		approximate	4 3 2 1	
comparison	4 3 2 1		consistent	4 3 2 1	
exact	4 3 2 1		identical	4 3 2 1	
imitate	4 3 2 1		match	4 3 2 1	
resemble	4 3 2 1		substitute	4 3 2 1	

253. Physical Characteristics

athletic	4 3 2 1		beauty	4 3 2 1	
clumsy	4 3 2 1		health	4 3 2 1	
might	4 3 2 1		power	4 3 2 1	
strength	4 3 2 1		strong	4 3 2 1	
weak	4 3 2 1		weakness	4 3 2 1	
CHALLENGE WORDS					
agility	4 3 2 1		awkward	4 3 2 1	
frail	4 3 2 1		gawky	4 3 2 1	
muscular	4 3 2 1		powerful	4 3 2 1	
puny	4 3 2 1		rickety	4 3 2 1	
scrawny	4 3 2 1		vigor	4 3 2 1	

254. Weapons and Explosives

arrow	4 3 2 1		bomb	4 3 2 1	
bullet	4 3 2 1		firecracker	4 3 2 1	
fireworks	4 3 2 1		gun	4 3 2 1	
sword	4 3 2 1				

continued →

CHALLENGE WORDS					
ammunition	4 3 2 1		arms	4 3 2 1	
boomerang	4 3 2 1		bow	4 3 2 1	
cannon	4 3 2 1		dart	4 3 2 1	
dynamite	4 3 2 1		firearms	4 3 2 1	
pistol	4 3 2 1		shotgun	4 3 2 1	

255. Persuasion/Advice

advise	4 3 2 1		appeal	4 3 2 1	
beg	4 3 2 1		convince	4 3 2 1	
cue	4 3 2 1		persuade	4 3 2 1	
recommend	4 3 2 1		suggest	4 3 2 1	
CHALLENGE WORDS					
bait	4 3 2 1		bias	4 3 2 1	
bribe	4 3 2 1		corrupt	4 3 2 1	
hint	4 3 2 1		influence	4 3 2 1	
petition	4 3 2 1		tempt	4 3 2 1	
urge	4 3 2 1				

256. Messages

letter	4 3 2 1		message	4 3 2 1	
note	4 3 2 1		postcard	4 3 2 1	
poster	4 3 2 1		signal	4 3 2 1	
valentine	4 3 2 1				
		CHALLENGE WORDS			
advertisement	4 3 2 1		billboard	4 3 2 1	
commercial	4 3 2 1		memo	4 3 2 1	
motto	4 3 2 1		slogan	4 3 2 1	

257. Domains of Work

business	4 3 2 1		law	4 3 2 1	
medicine	4 3 2 1		military	4 3 2 1	
religion	4 3 2 1		science	4 3 2 1	
technology	4 3 2 1				
		CHALLENGE WORDS			
agriculture	4 3 2 1		industry	4 3 2 1	
politics	4 3 2 1				

258. Groups of Animals and People

band	4 3 2 1		class	4 3 2 1	
club	4 3 2 1		crowd	4 3 2 1	
herd	4 3 2 1		team	4 3 2 1	
CHALLENGE WORDS					
cast	4 3 2 1		chorus	4 3 2 1	
crew	4 3 2 1		flock	4 3 2 1	
gang	4 3 2 1		huddle	4 3 2 1	
mob	4 3 2 1		quartet	4 3 2 1	
trio	4 3 2 1				

259. Metals

gold	4 3 2 1		iron	4 3 2 1	
magnet	4 3 2 1		metal	4 3 2 1	
silver	4 3 2 1		steel	4 3 2 1	
CHALLENGE WORDS					
alloy	4 3 2 1		aluminum	4 3 2 1	
brass	4 3 2 1		bronze	4 3 2 1	
chrome	4 3 2 1		copper	4 3 2 1	
graphite	4 3 2 1		lead	4 3 2 1	

260. War and Fighting

battle	4 3 2 1		fight	4 3 2 1	
peace	4 3 2 1		revolution	4 3 2 1	
war	4 3 2 1		wrestle	4 3 2 1	
		CHALLENGE WORDS			
challenge	4 3 2 1		clash	4 3 2 1	
combat	4 3 2 1		conflict	4 3 2 1	
invade	4 3 2 1		riot	4 3 2 1	
scuffle	4 3 2 1		showdown	4 3 2 1	
struggle	4 3 2 1		warfare	4 3 2 1	

261. Likelihood and Certainty

bet	4 3 2 1		certain	4 3 2 1	
chance	4 3 2 1		likely	4 3 2 1	
luck	4 3 2 1		miracle	4 3 2 1	
possible	4 3 2 1				
		CHALLENGE WORDS			
absolute	4 3 2 1		accidental	4 3 2 1	
definite	4 3 2 1		destiny	4 3 2 1	
fluke	4 3 2 1		hazard	4 3 2 1	

continued →

mysterious	4 3 2 1		opportunity	4 3 2 1	
random	4 3 2 1		uncertain	4 3 2 1	

262. Order and Complexity

balance	4 3 2 1		blank	4 3 2 1	
fancy	4 3 2 1		order	4 3 2 1	
plain	4 3 2 1		simple	4 3 2 1	
		CHALLENGE WORDS			
bleak	4 3 2 1		complex	4 3 2 1	
elaborate	4 3 2 1		equilibrium	4 3 2 1	
intricate	4 3 2 1		maze	4 3 2 1	
neutral	4 3 2 1		ornate	4 3 2 1	
turmoil	4 3 2 1		void	4 3 2 1	

263. Clothing (General)

clothes	4 3 2 1		clothing	4 3 2 1	
costume	4 3 2 1		suit	4 3 2 1	
uniform	4 3 2 1				
		CHALLENGE WORDS			
apparel	4 3 2 1		array	4 3 2 1	

design	4 3 2 1		fad	4 3 2 1	
fashion	4 3 2 1		garb	4 3 2 1	
garment	4 3 2 1		outfit	4 3 2 1	
style	4 3 2 1		wardrobe	4 3 2 1	

264. Artists and Performers

artist	4 3 2 1		choir	4 3 2 1	
drummer	4 3 2 1		painter	4 3 2 1	
singer	4 3 2 1				
CHALLENGE WORDS					
conductor	4 3 2 1		designer	4 3 2 1	
musician	4 3 2 1		photographer	4 3 2 1	
soprano	4 3 2 1		violinist	4 3 2 1	

265. Public Officials

firefighter	4 3 2 1		officer	4 3 2 1	
police officer	4 3 2 1		sheriff	4 3 2 1	
soldier	4 3 2 1				
CHALLENGE WORDS					
admiral	4 3 2 1		captain	4 3 2 1	

continued →

colonel	4 3 2 1		corporal	4 3 2 1	
deputy	4 3 2 1		detective	4 3 2 1	
lieutenant	4 3 2 1		marshal	4 3 2 1	
sergeant	4 3 2 1		trooper	4 3 2 1	

266. Religious and Clergy

minister	4 3 2 1		nun	4 3 2 1	
pastor	4 3 2 1		pope	4 3 2 1	
priest	4 3 2 1				
CHALLENGE WORDS					
apostle	4 3 2 1		bishop	4 3 2 1	
cardinal	4 3 2 1		clergyman	4 3 2 1	
deacon	4 3 2 1		hermit	4 3 2 1	
missionary	4 3 2 1		monk	4 3 2 1	
prophet	4 3 2 1		rabbi	4 3 2 1	

267. Craters and Valleys

hole	4 3 2 1		canyon	4 3 2 1	
crack	4 3 2 1		ditch	4 3 2 1	

manhole	4 3 2 1		pit	4 3 2 1	
valley	4 3 2 1				
CHALLENGE WORDS					
cavern	4 3 2 1		chasm	4 3 2 1	
crater	4 3 2 1		crevice	4 3 2 1	
gap	4 3 2 1		ravine	4 3 2 1	
shaft	4 3 2 1		trench	4 3 2 1	

268. Objects/Materials Used to Cover Things

cork	4 3 2 1		cover	4 3 2 1	
flap	4 3 2 1		lid	4 3 2 1	
mask	4 3 2 1				
CHALLENGE WORDS					
camouflage	4 3 2 1		canvas	4 3 2 1	
cellophane	4 3 2 1		foil	4 3 2 1	
plug	4 3 2 1		thimble	4 3 2 1	
tinfoil	4 3 2 1		wrapper	4 3 2 1	

269. Plants and Flowers

berry	4 3 2 1		blossom	4 3 2 1	
dandelion	4 3 2 1		rose	4 3 2 1	
seed	4 3 2 1				
CHALLENGE WORDS					
bud	4 3 2 1		cactus	4 3 2 1	
hemp	4 3 2 1		petal	4 3 2 1	
pollen	4 3 2 1		sunflower	4 3 2 1	
tulip	4 3 2 1				

270. Curved and Circular Shapes

circle	4 3 2 1		bend	4 3 2 1	
curl	4 3 2 1		curve	4 3 2 1	
cylinder	4 3 2 1		loop	4 3 2 1	
oval	4 3 2 1		round	4 3 2 1	
twist	4 3 2 1				
CHALLENGE WORDS					
arc	4 3 2 1		circuit	4 3 2 1	
coil	4 3 2 1		cone	4 3 2 1	
crescent	4 3 2 1		disk	4 3 2 1	

flex	4 3 2 1		sphere	4 3 2 1	
spiral	4 3 2 1		warp	4 3 2 1	

271. Light

bright	4 3 2 1		clear	4 3 2 1	
light	4 3 2 1		shiny	4 3 2 1	
sunshine	4 3 2 1				
CHALLENGE WORDS					
brightness	4 3 2 1		brilliant	4 3 2 1	
daylight	4 3 2 1		glimmer	4 3 2 1	
luster	4 3 2 1		moonlight	4 3 2 1	
radiant	4 3 2 1		vivid	4 3 2 1	

272. Light Producers

candle	4 3 2 1		candlestick	4 3 2 1	
lamp	4 3 2 1		light	4 3 2 1	
lightbulb	4 3 2 1				
CHALLENGE WORDS					
beacon	4 3 2 1		beam	4 3 2 1	
flare	4 3 2 1		fluorescent	4 3 2 1	

continued →

laser	4 3 2 1		ray	4 3 2 1	
searchlight	4 3 2 1		torch	4 3 2 1	

273. Cause/Effect

cause	4 3 2 1		change	4 3 2 1	
effect	4 3 2 1		outcome	4 3 2 1	
purpose	4 3 2 1		reason	4 3 2 1	
result	4 3 2 1				
CHALLENGE WORDS					
affect	4 3 2 1		consequence	4 3 2 1	
impact	4 3 2 1		impress	4 3 2 1	
incentive	4 3 2 1		influence	4 3 2 1	
initiate	4 3 2 1		intent	4 3 2 1	
motive	4 3 2 1		vary	4 3 2 1	

274. Contractions (Would)

he'd	4 3 2 1		I'd	4 3 2 1	
she'd	4 3 2 1		they'd	4 3 2 1	
you'd	4 3 2 1				

275. Engines

battery	4 3 2 1		brake	4 3 2 1	
engine	4 3 2 1		jet	4 3 2 1	
motor	4 3 2 1				
CHALLENGE WORDS					
crankshaft	4 3 2 1		gear	4 3 2 1	
headset	4 3 2 1		piston	4 3 2 1	
starter	4 3 2 1		throttle	4 3 2 1	
turbine	4 3 2 1				

276. Electronics

computer	4 3 2 1		keyboard	4 3 2 1	
monitor	4 3 2 1		mouse	4 3 2 1	
robot	4 3 2 1				
CHALLENGE WORDS					
bit	4 3 2 1		chip	4 3 2 1	
format	4 3 2 1		memory	4 3 2 1	
network	4 3 2 1		projector	4 3 2 1	
register	4 3 2 1		terminal	4 3 2 1	
thermostat	4 3 2 1		transistor	4 3 2 1	

277. Topics and Subjects

goal	4 3 2 1		plan	4 3 2 1	
subject	4 3 2 1		topic	4 3 2 1	
		CHALLENGE WORDS			
essence	4 3 2 1		objective	4 3 2 1	
scheme	4 3 2 1		scope	4 3 2 1	
strategy	4 3 2 1		theme	4 3 2 1	
thesis	4 3 2 1		viewpoint	4 3 2 1	

278. Pride and Confidence

certain	4 3 2 1		confident	4 3 2 1	
hopeful	4 3 2 1		proud	4 3 2 1	
sure	4 3 2 1				
		CHALLENGE WORDS			
conceit	4 3 2 1		confidence	4 3 2 1	
frank	4 3 2 1		haughty	4 3 2 1	
pride	4 3 2 1		smug	4 3 2 1	
vain	4 3 2 1				

279. Illustrations and Drawings

diagram	4 3 2 1		drawing	4 3 2 1	
graph	4 3 2 1		map	4 3 2 1	
		CHALLENGE WORDS			
chart	4 3 2 1				

280. Motion (General)

action	4 3 2 1		activity	4 3 2 1	
motion	4 3 2 1		play	4 3 2 1	
		CHALLENGE WORDS			
kinetic	4 3 2 1		mobile	4 3 2 1	
movable	4 3 2 1		osmosis	4 3 2 1	
portable	4 3 2 1		traffic	4 3 2 1	

281. Vibration

juggle	4 3 2 1		shake	4 3 2 1	
shiver	4 3 2 1		vibrate	4 3 2 1	
wiggle	4 3 2 1				
		CHALLENGE WORDS			
jumble	4 3 2 1		quake	4 3 2 1	
quiver	4 3 2 1		scramble	4 3 2 1	

continued →

shudder	4 3 2 1		squirm	4 3 2 1	
throb	4 3 2 1		vibration	4 3 2 1	
wobble	4 3 2 1				

282. Jerking Motion

bounce	4 3 2 1		fidget	4 3 2 1	
snap	4 3 2 1		wag	4 3 2 1	
CHALLENGE WORDS					
bob	4 3 2 1		budge	4 3 2 1	
deflect	4 3 2 1		flounce	4 3 2 1	
jerk	4 3 2 1		jolt	4 3 2 1	
jounce	4 3 2 1		lurch	4 3 2 1	
twitch	4 3 2 1				

283. Expanding Motion

blast	4 3 2 1		expand	4 3 2 1	
explode	4 3 2 1		magnify	4 3 2 1	
spread	4 3 2 1				
CHALLENGE WORDS					
burst	4 3 2 1		discharge	4 3 2 1	

enlarge	4 3 2 1		erupt	4 3 2 1	
extend	4 3 2 1		jut	4 3 2 1	
protrude	4 3 2 1		scatter	4 3 2 1	
swell	4 3 2 1				

284. Furnishings and Decorations

banner	4 3 2 1		carpet	4 3 2 1	
curtain	4 3 2 1		rug	4 3 2 1	
vase	4 3 2 1				
CHALLENGE WORDS					
accessory	4 3 2 1		domestic	4 3 2 1	
furnish	4 3 2 1		homemade	4 3 2 1	
tapestry	4 3 2 1		wallpaper	4 3 2 1	
wreath	4 3 2 1				

285. Attitudinals (Truth)

certainly	4 3 2 1		honestly	4 3 2 1	
really	4 3 2 1		seriously	4 3 2 1	
simply	4 3 2 1		truly	4 3 2 1	

continued →

CHALLENGE WORDS					
apparently	4 3 2 1		basically	4 3 2 1	
clearly	4 3 2 1		definitely	4 3 2 1	
ideally	4 3 2 1		obviously	4 3 2 1	
surely	4 3 2 1		undoubtedly	4 3 2 1	

286. Language Conventions

comma	4 3 2 1		language	4 3 2 1	
period	4 3 2 1		vocabulary	4 3 2 1	

CHALLENGE WORDS					
accent	4 3 2 1		apostrophe	4 3 2 1	
colon	4 3 2 1		emphasis	4 3 2 1	
grammar	4 3 2 1		parenthesis	4 3 2 1	
pronunciation	4 3 2 1		punctuation	4 3 2 1	
slang	4 3 2 1		tense	4 3 2 1	

287. Symptoms

dizzy	4 3 2 1		fever	4 3 2 1	
itch	4 3 2 1		pain	4 3 2 1	

CHALLENGE WORDS					
ache	4 3 2 1		headache	4 3 2 1	
impair	4 3 2 1		nausea	4 3 2 1	
numb	4 3 2 1		sore	4 3 2 1	
toothache	4 3 2 1		vomit	4 3 2 1	

288. Uncleanliness and Filth

garbage	4 3 2 1		junk	4 3 2 1	
litter	4 3 2 1		trash	4 3 2 1	
CHALLENGE WORDS					
bleak	4 3 2 1		clutter	4 3 2 1	
debris	4 3 2 1		filth	4 3 2 1	
foul	4 3 2 1		grime	4 3 2 1	
infect	4 3 2 1		nasty	4 3 2 1	
pollute	4 3 2 1		sewage	4 3 2 1	

289. Familiarity and Popularity

common	4 3 2 1		familiar	4 3 2 1	
normal	4 3 2 1		ordinary	4 3 2 1	
popular	4 3 2 1		regular	4 3 2 1	

continued →

usual	4 3 2 1				
CHALLENGE WORDS					
customary	4 3 2 1		evident	4 3 2 1	
fame	4 3 2 1		hip	4 3 2 1	
obvious	4 3 2 1		prominent	4 3 2 1	
recognition	4 3 2 1		standard	4 3 2 1	
typical	4 3 2 1		universal	4 3 2 1	

290. Conformity to a Norm

odd	4 3 2 1		rare	4 3 2 1	
special	4 3 2 1		strange	4 3 2 1	
weird	4 3 2 1				
CHALLENGE WORDS					
bizarre	4 3 2 1		distinct	4 3 2 1	
eccentric	4 3 2 1		original	4 3 2 1	
peculiar	4 3 2 1		uncanny	4 3 2 1	
uncommon	4 3 2 1		unique	4 3 2 1	

291. Fear

afraid	4 3 2 1		alarm	4 3 2 1	
fear	4 3 2 1		nervous	4 3 2 1	
CHALLENGE WORDS					
dread	4 3 2 1		eerie	4 3 2 1	
frantic	4 3 2 1		fright	4 3 2 1	
horror	4 3 2 1		panic	4 3 2 1	
shock	4 3 2 1		terror	4 3 2 1	

292. Anger

anger	4 3 2 1		angry	4 3 2 1	
dislike	4 3 2 1		hate	4 3 2 1	
mad	4 3 2 1				
CHALLENGE WORDS					
disgust	4 3 2 1		fury	4 3 2 1	
hatred	4 3 2 1		hostile	4 3 2 1	
irritate	4 3 2 1		offend	4 3 2 1	
rage	4 3 2 1		resent	4 3 2 1	
revenge	4 3 2 1		temper	4 3 2 1	

293. Desire

expect	4 3 2 1		miss	4 3 2 1	
need	4 3 2 1		selfish	4 3 2 1	
want	4 3 2 1		wish	4 3 2 1	
CHALLENGE WORDS					
anticipate	4 3 2 1		crave	4 3 2 1	
desire	4 3 2 1		greed	4 3 2 1	
hanker	4 3 2 1		seek	4 3 2 1	
yearn	4 3 2 1				

294. Dependability and Eagerness

active	4 3 2 1		busy	4 3 2 1	
eager	4 3 2 1		responsible	4 3 2 1	
CHALLENGE WORDS					
ambitious	4 3 2 1		credible	4 3 2 1	
diligent	4 3 2 1		enthusiasm	4 3 2 1	
productive	4 3 2 1		reliable	4 3 2 1	
responsibility	4 3 2 1		thorough	4 3 2 1	
trustworthy	4 3 2 1		zest	4 3 2 1	

295. Instability

crazy	4 3 2 1		mad	4 3 2 1	
wild	4 3 2 1				
		CHALLENGE WORDS			
amuck	4 3 2 1		fanatic	4 3 2 1	
fickle	4 3 2 1		frantic	4 3 2 1	
giddy	4 3 2 1		hectic	4 3 2 1	
uncontrolled	4 3 2 1		unstable	4 3 2 1	

296. Locations For/Near Water (Manmade)

aquarium	4 3 2 1		canal	4 3 2 1	
dam	4 3 2 1		dock	4 3 2 1	
pool	4 3 2 1				
		CHALLENGE WORDS			
aqueduct	4 3 2 1		channel	4 3 2 1	
harbor	4 3 2 1		lighthouse	4 3 2 1	
moat	4 3 2 1		port	4 3 2 1	
reservoir	4 3 2 1		seaport	4 3 2 1	
wharf	4 3 2 1				

297. Small Businesses

baker	4 3 2 1		barber	4 3 2 1	
butcher	4 3 2 1				
CHALLENGE WORDS					
blacksmith	4 3 2 1		bodyguard	4 3 2 1	
florist	4 3 2 1		miller	4 3 2 1	
smith	4 3 2 1		tailor	4 3 2 1	

298. Military/Police

army	4 3 2 1		navy	4 3 2 1	
police	4 3 2 1				
CHALLENGE WORDS					
air force	4 3 2 1		brigade	4 3 2 1	
corps	4 3 2 1		detail	4 3 2 1	
infantry	4 3 2 1		legion	4 3 2 1	
marines	4 3 2 1		patrol	4 3 2 1	
regiment	4 3 2 1		troop	4 3 2 1	

299. Dissimilarity

change	4 3 2 1		difference	4 3 2 1	
different	4 3 2 1		opposite	4 3 2 1	

unequal	4 3 2 1		unlike	4 3 2 1	
CHALLENGE WORDS					
adapt	4 3 2 1		develop	4 3 2 1	
differ	4 3 2 1		discriminate	4 3 2 1	
reform	4 3 2 1		separate	4 3 2 1	
transform	4 3 2 1		transition	4 3 2 1	
variety	4 3 2 1		various	4 3 2 1	

300. Pursuit

chase	4 3 2 1		follow	4 3 2 1	
track	4 3 2 1				
CHALLENGE WORDS					
pursue	4 3 2 1				

301. Reducing/Diminishing

crumble	4 3 2 1		crumple	4 3 2 1	
shorten	4 3 2 1		shrink	4 3 2 1	
tighten	4 3 2 1				
CHALLENGE WORDS					
compress	4 3 2 1		condense	4 3 2 1	

continued →

cramp	4 3 2 1		crinkle	4 3 2 1	
diminish	4 3 2 1		dwindle	4 3 2 1	
reduce	4 3 2 1		shrivel	4 3 2 1	
wilt	4 3 2 1		wither	4 3 2 1	

302. Separating

divorce	4 3 2 1		separate	4 3 2 1	
split	4 3 2 1				
CHALLENGE WORDS					
bisect	4 3 2 1		detach	4 3 2 1	
disconnect	4 3 2 1		divert	4 3 2 1	
ravel	4 3 2 1		unwind	4 3 2 1	

303. Shapes (General Names)

outline	4 3 2 1		pattern	4 3 2 1	
shape	4 3 2 1				
CHALLENGE WORDS					
contour	4 3 2 1		figure	4 3 2 1	
form	4 3 2 1		frame	4 3 2 1	
oblong	4 3 2 1		profile	4 3 2 1	
silhouette	4 3 2 1		skyline	4 3 2 1	

304. Exercise

exercise	4 3 2 1		practice	4 3 2 1	
stretch	4 3 2 1				
		CHALLENGE WORDS			
cartwheel	4 3 2 1		jog	4 3 2 1	
somersault	4 3 2 1		sprint	4 3 2 1	
workout	4 3 2 1		yoga	4 3 2 1	

305. Actions Associated With Disease and Injury

blister	4 3 2 1		burn	4 3 2 1	
scab	4 3 2 1		sunburn	4 3 2 1	
		CHALLENGE WORDS			
concussion	4 3 2 1		gash	4 3 2 1	
infect	4 3 2 1		paralyze	4 3 2 1	
poison	4 3 2 1		sprain	4 3 2 1	
venom	4 3 2 1		whiplash	4 3 2 1	
wound	4 3 2 1				

306. Dark

dark	4 3 2 1		shade	4 3 2 1	
shadow	4 3 2 1				

continued →

CHALLENGE WORDS					
blot	4 3 2 1		blur	4 3 2 1	
darkness	4 3 2 1		fade	4 3 2 1	
gloom	4 3 2 1		haze	4 3 2 1	
shady	4 3 2 1		splotch	4 3 2 1	

307. Natural Catastrophes

avalanche	4 3 2 1		earthquake	4 3 2 1	
flood	4 3 2 1				
CHALLENGE WORDS					
calamity	4 3 2 1		catastrophe	4 3 2 1	
crisis	4 3 2 1		disaster	4 3 2 1	
disastrous	4 3 2 1		emergency	4 3 2 1	
landslide	4 3 2 1		ordeal	4 3 2 1	
tragedy	4 3 2 1				

308. Jumping

hop	4 3 2 1		jump	4 3 2 1	
leap	4 3 2 1				

CHALLENGE WORDS						
bound	4 3 2 1		coil	4 3 2 1	
lunge	4 3 2 1		lurch	4 3 2 1	
pounce	4 3 2 1		spring	4 3 2 1	

309. Shellfish (and Others)

lobster	4 3 2 1		shell	4 3 2 1	
shrimp	4 3 2 1		snail	4 3 2 1	
starfish	4 3 2 1				

CHALLENGE WORDS						
clam	4 3 2 1		coral	4 3 2 1	
crab	4 3 2 1		crayfish	4 3 2 1	
eel	4 3 2 1		jellyfish	4 3 2 1	
octopus	4 3 2 1		oyster	4 3 2 1	
squid	4 3 2 1		stingray	4 3 2 1	

310. Equipment Used With Animals

collar	4 3 2 1		horseshoe	4 3 2 1	
leash	4 3 2 1		saddle	4 3 2 1	

continued →

CHALLENGE WORDS					
bridle	4 3 2 1		chaps	4 3 2 1	
halter	4 3 2 1		harness	4 3 2 1	
muzzle	4 3 2 1		rein	4 3 2 1	
stirrup	4 3 2 1		yoke	4 3 2 1	

311. Cruelty and Meanness

cruel	4 3 2 1		mean	4 3 2 1	
unkind	4 3 2 1		violent	4 3 2 1	
CHALLENGE WORDS					
cruelty	4 3 2 1		destructive	4 3 2 1	
drastic	4 3 2 1		ferocious	4 3 2 1	
fierce	4 3 2 1		merciless	4 3 2 1	
savage	4 3 2 1		vicious	4 3 2 1	

312. General Upset

alone	4 3 2 1		bother	4 3 2 1	
upset	4 3 2 1				
CHALLENGE WORDS					
dejected	4 3 2 1		depress	4 3 2 1	

disappoint	4 3 2 1		discourage	4 3 2 1	
distress	4 3 2 1		disturb	4 3 2 1	
frustrate	4 3 2 1		impose	4 3 2 1	
serious	4 3 2 1		solemn	4 3 2 1	

313. Doubt and Hope

belief	4 3 2 1		doubt	4 3 2 1	
hope	4 3 2 1		trust	4 3 2 1	
CHALLENGE WORDS					
despair	4 3 2 1		desperate	4 3 2 1	
disappointment	4 3 2 1		faith	4 3 2 1	
hopeless	4 3 2 1		optimism	4 3 2 1	

314. Lubricants and Fuels

fuel	4 3 2 1		gas	4 3 2 1	
grease	4 3 2 1		oil	4 3 2 1	
CHALLENGE WORDS					
diesel	4 3 2 1		lubricate	4 3 2 1	
lubrication	4 3 2 1		petroleum	4 3 2 1	
refuel	4 3 2 1		turpentine	4 3 2 1	

315. Handles

doorknob	4 3 2 1		handle	4 3 2 1	
knob	4 3 2 1				
CHALLENGE WORDS					
grip	4 3 2 1		hilt	4 3 2 1	

316. Miscellaneous Devices

dial	4 3 2 1		ladder	4 3 2 1	
pedal	4 3 2 1		switch	4 3 2 1	
trigger	4 3 2 1				
CHALLENGE WORDS					
barometer	4 3 2 1		baton	4 3 2 1	
crank	4 3 2 1		easel	4 3 2 1	
platform	4 3 2 1		pointer	4 3 2 1	
pulley	4 3 2 1				

317. Lack of Permanence (People)

guest	4 3 2 1		stranger	4 3 2 1	
visitor	4 3 2 1				
CHALLENGE WORDS					
migrant	4 3 2 1		passenger	4 3 2 1	

spectator	4 3 2 1		tourist	4 3 2 1	
vacationer	4 3 2 1		wanderer	4 3 2 1	

318. Vehicles (Snow)

sled	4 3 2 1		sleigh	4 3 2 1	
snowplow	4 3 2 1				
CHALLENGE WORDS					
bobsled	4 3 2 1		toboggan	4 3 2 1	

319. Titles and Names

name	4 3 2 1		title	4 3 2 1	
nickname	4 3 2 1				
CHALLENGE WORDS					
autograph	4 3 2 1		brand	4 3 2 1	
identify	4 3 2 1		monogram	4 3 2 1	
signature	4 3 2 1		trademark	4 3 2 1	

320. Rules and Laws

law	4 3 2 1		rule	4 3 2 1	
regulation	4 3 2 1				

continued →

CHALLENGE WORDS					
charter	4 3 2 1		constitution	4 3 2 1	
contract	4 3 2 1		curfew	4 3 2 1	
diploma	4 3 2 1		policy	4 3 2 1	
treaty	4 3 2 1				

321. Places Related to Meetings/Worship

church	4 3 2 1		shrine	4 3 2 1	
temple	4 3 2 1				
CHALLENGE WORDS					
capitol	4 3 2 1		cathedral	4 3 2 1	
chapel	4 3 2 1		convent	4 3 2 1	
mission	4 3 2 1		monastery	4 3 2 1	
synagogue	4 3 2 1				

322. Opening and Closing

open	4 3 2 1		shut	4 3 2 1	
CHALLENGE WORDS					
ajar	4 3 2 1		gape	4 3 2 1	
restrict	4 3 2 1		shutdown	4 3 2 1	

323. Durability/Strength

strong	4 3 2 1		weak	4 3 2 1	
delicate	4 3 2 1				
CHALLENGE WORDS					
brittle	4 3 2 1		durable	4 3 2 1	
flimsy	4 3 2 1		fragile	4 3 2 1	
frail	4 3 2 1		makeshift	4 3 2 1	
potent	4 3 2 1		ramshackle	4 3 2 1	
sturdy	4 3 2 1		subtle	4 3 2 1	

324. Storage Locations

barn	4 3 2 1		shed	4 3 2 1	
CHALLENGE WORDS					
arsenal	4 3 2 1		greenhouse	4 3 2 1	
hothouse	4 3 2 1		shack	4 3 2 1	
storeroom	4 3 2 1		warehouse	4 3 2 1	

325. Objects (General Names)

thing	4 3 2 1		object	4 3 2 1	
CHALLENGE WORDS					
entity	4 3 2 1		matter	4 3 2 1	
substance	4 3 2 1				

326. Bluntness/Sharpness

sharp	4 3 2 1		dull	4 3 2 1	
		CHALLENGE WORDS			
blunt	4 3 2 1		keen	4 3 2 1	

327. Things That Are Commonly Measured

angle	4 3 2 1		diameter	4 3 2 1	
radius	4 3 2 1				
		CHALLENGE WORDS			
census	4 3 2 1		circumference	4 3 2 1	
latitude	4 3 2 1		longitude	4 3 2 1	
meridian	4 3 2 1				

328. Lack of Popularity/Familiarity

private	4 3 2 1		secret	4 3 2 1	
		CHALLENGE WORDS			
anonymous	4 3 2 1		personal	4 3 2 1	
privacy	4 3 2 1		secrecy	4 3 2 1	

329. Growth and Survival

grow	4 3 2 1		survive	4 3 2 1	
		CHALLENGE WORDS			
bloom	4 3 2 1		evolve	4 3 2 1	

| mature | 4 3 2 1 | | prosper | 4 3 2 1 | |
| thrive | 4 3 2 1 | | | | |

330. Size of People

| giant | 4 3 2 1 | | dwarf | 4 3 2 1 | |

331. Vehicles (Work-Related)

tractor	4 3 2 1		wheelbarrow	4 3 2 1	
CHALLENGE WORDS					
barrow	4 3 2 1		derrick	4 3 2 1	
forklift	4 3 2 1		harrow	4 3 2 1	

332. Independence and Freedom

free	4 3 2 1		liberty	4 3 2 1	
obedient	4 3 2 1				
CHALLENGE WORDS					
dependent	4 3 2 1		independent	4 3 2 1	
voluntary	4 3 2 1				

333. Writers and Reporters

| author | 4 3 2 1 | | speaker | 4 3 2 1 | |
| writer | 4 3 2 1 | | | | |

CHALLENGE WORDS					
critic	4 3 2 1		editor	4 3 2 1	
narrator	4 3 2 1		poet	4 3 2 1	
publisher	4 3 2 1		reporter	4 3 2 1	
scribe	4 3 2 1		spokesperson	4 3 2 1	

334. People Who Clean Up

garbageman	4 3 2 1		janitor	4 3 2 1	
custodian	4 3 2 1				

335. Places Related to Transportation

station	4 3 2 1		airport	4 3 2 1	
CHALLENGE WORDS					
depot	4 3 2 1		hangar	4 3 2 1	
terminal	4 3 2 1				

336. Organs

stomach	4 3 2 1		heart	4 3 2 1	
CHALLENGE WORDS					
gland	4 3 2 1		intestine	4 3 2 1	
kidney	4 3 2 1		liver	4 3 2 1	
lung	4 3 2 1				

337. Characteristics of Rocks/Soil

sand	4 3 2 1		pebble	4 3 2 1	
CHALLENGE WORDS					
barren	4 3 2 1		mineral	4 3 2 1	
powder	4 3 2 1				

338. Halting Actions

quit	4 3 2 1		stop	4 3 2 1	
CHALLENGE WORDS					
avoid	4 3 2 1		barrier	4 3 2 1	
cancel	4 3 2 1		obstacle	4 3 2 1	
prevent	4 3 2 1		prohibit	4 3 2 1	
refrain	4 3 2 1		resist	4 3 2 1	
restrain	4 3 2 1		terminate	4 3 2 1	

339. Kicking Actions

kick	4 3 2 1		stamp	4 3 2 1	
CHALLENGE WORDS					
stomp	4 3 2 1		tramp	4 3 2 1	

340. Mathematical Quantities

sum	4 3 2 1		average	4 3 2 1	
total	4 3 2 1				
CHALLENGE WORDS					
area	4 3 2 1		fraction	4 3 2 1	
maximum	4 3 2 1		minimum	4 3 2 1	
multiple	4 3 2 1		percent	4 3 2 1	
proportion	4 3 2 1		ratio	4 3 2 1	

341. Primates

monkey	4 3 2 1		gorilla	4 3 2 1	
CHALLENGE WORDS					
ape	4 3 2 1		baboon	4 3 2 1	
chimpanzee	4 3 2 1				

342. Linking Verbs

become	4 3 2 1		seem	4 3 2 1	
CHALLENGE WORDS					
appear	4 3 2 1		remain	4 3 2 1	

343. Names That Indicate Permanence for People

pioneer	4 3 2 1		caveman	4 3 2 1	
citizen	4 3 2 1				
CHALLENGE WORDS					
alien	4 3 2 1		native	4 3 2 1	
newcomer	4 3 2 1		pilgrim	4 3 2 1	
taxpayer	4 3 2 1		tenant	4 3 2 1	
townspeople	4 3 2 1		villager	4 3 2 1	

344. Names That Indicate Fame

star	4 3 2 1		celebrity	4 3 2 1	
CHALLENGE WORDS					
idol	4 3 2 1		savior	4 3 2 1	

345. Communication (Information Previously Withheld)

admit	4 3 2 1		tattle	4 3 2 1	
CHALLENGE WORDS					
confess	4 3 2 1		confide	4 3 2 1	
divulge	4 3 2 1		expose	4 3 2 1	
reveal	4 3 2 1				

346. Recording/Translating Information

record	4 3 2 1		recording	4 3 2 1	
video	4 3 2 1				
CHALLENGE WORDS					
cassette	4 3 2 1		decode	4 3 2 1	
interpret	4 3 2 1		score	4 3 2 1	
translate	4 3 2 1				

347. Interest

attention	4 3 2 1		interest	4 3 2 1	
CHALLENGE WORDS					
concentration	4 3 2 1		curiosity	4 3 2 1	
intrigue	4 3 2 1				

348. Procedures and Processes

process	4 3 2 1		recipe	4 3 2 1	
routine	4 3 2 1				
CHALLENGE WORDS					
function	4 3 2 1		logic	4 3 2 1	
method	4 3 2 1		procedure	4 3 2 1	
system	4 3 2 1		technique	4 3 2 1	

349. Beliefs

belief	4 3 2 1		opinion	4 3 2 1	
CHALLENGE WORDS					
custom	4 3 2 1		ideal	4 3 2 1	
mythology	4 3 2 1		superstition	4 3 2 1	
habit	4 3 2 1		instinct	4 3 2 1	
philosophy	4 3 2 1		tradition	4 3 2 1	

350. Shyness

shy	4 3 2 1		bashful	4 3 2 1	
CHALLENGE WORDS					
helpless	4 3 2 1		meek	4 3 2 1	
mild	4 3 2 1		skittish	4 3 2 1	
timid	4 3 2 1				

351. Dishonesty

dishonest	4 3 2 1		naughty	4 3 2 1	
unfair	4 3 2 1				
CHALLENGE WORDS					
cunning	4 3 2 1		mischief	4 3 2 1	
mischievous	4 3 2 1		sly	4 3 2 1	
traitor	4 3 2 1				

352. Equipment Used With Water/Liquid

faucet	4 3 2 1		hose	4 3 2 1	
sprinkler	4 3 2 1				
		CHALLENGE WORDS			
fountain	4 3 2 1		funnel	4 3 2 1	
hydrant	4 3 2 1		hydraulic	4 3 2 1	
nozzle	4 3 2 1		pump	4 3 2 1	
spout	4 3 2 1		valve	4 3 2 1	

353. Moisture

cloud	4 3 2 1		fog	4 3 2 1	
		CHALLENGE WORDS			
dew	4 3 2 1		smog	4 3 2 1	

354. Characteristics Related to Clothes / Wearing of Clothes

barefoot	4 3 2 1		naked	4 3 2 1	
		CHALLENGE WORDS			
bare	4 3 2 1		bareheaded	4 3 2 1	
informal	4 3 2 1		nude	4 3 2 1	
sheer	4 3 2 1		worn	4 3 2 1	

355. Assistants and Supervisors

boss	4 3 2 1		leader	4 3 2 1	
owner	4 3 2 1				
CHALLENGE WORDS					
apprentice	4 3 2 1		assistant	4 3 2 1	
chairman	4 3 2 1		director	4 3 2 1	
foreman	4 3 2 1		landlady	4 3 2 1	
landlord	4 3 2 1		manager	4 3 2 1	
superintendent	4 3 2 1		supervisor	4 3 2 1	

356. Occupations Usually Held by Youth

babysitter	4 3 2 1		paperboy	4 3 2 1	

357. Discoverers and Scientists

astronaut	4 3 2 1		geography	4 3 2 1	
scientist	4 3 2 1				
CHALLENGE WORDS					
astronomy	4 3 2 1		biology	4 3 2 1	
chemistry	4 3 2 1		ecology	4 3 2 1	
economics	4 3 2 1		geology	4 3 2 1	

continued →

inventor	4 3 2 1		psychology	4 3 2 1	
researcher	4 3 2 1		veterinarian	4 3 2 1	

358. Occupations Associated With Imprisonment/Slavery

guard	4 3 2 1		prisoner	4 3 2 1	
slave	4 3 2 1				
CHALLENGE WORDS					
gladiator	4 3 2 1		warden	4 3 2 1	

359. Construction and Repairmen

plumber	4 3 2 1		repairman	4 3 2 1	
CHALLENGE WORDS					
carpenter	4 3 2 1		draftsman	4 3 2 1	
mason	4 3 2 1		mechanic	4 3 2 1	

360. Legal Professions

judge	4 3 2 1		lawyer	4 3 2 1	
CHALLENGE WORDS					
attorney	4 3 2 1		counselor	4 3 2 1	

361. Servants

maid	4 3 2 1		servant	4 3 2 1	
CHALLENGE WORDS					
butler	4 3 2 1		chauffeur	4 3 2 1	
doorman	4 3 2 1		housekeeper	4 3 2 1	
usher	4 3 2 1				

362. Woodlands and Forests

forest	4 3 2 1		jungle	4 3 2 1	
CHALLENGE WORDS					
glade	4 3 2 1		grove	4 3 2 1	
thicket	4 3 2 1		woodland	4 3 2 1	

363. Pastures and Fields

field	4 3 2 1		prairie	4 3 2 1	
CHALLENGE WORDS					
battleground	4 3 2 1		countryside	4 3 2 1	
meadow	4 3 2 1		orchard	4 3 2 1	
paddy	4 3 2 1		pasture	4 3 2 1	
vineyard	4 3 2 1				

364. Structures That Are Manmade

building	4 3 2 1		tower	4 3 2 1	
CHALLENGE WORDS					
construction	4 3 2 1		silo	4 3 2 1	
skyscraper	4 3 2 1		structure	4 3 2 1	

365. Factories, Mills, and Offices

office	4 3 2 1		shop	4 3 2 1	
CHALLENGE WORDS					
factory	4 3 2 1		headquarters	4 3 2 1	
mill	4 3 2 1		sawmill	4 3 2 1	
studio	4 3 2 1		treadmill	4 3 2 1	
windmill	4 3 2 1		workshop	4 3 2 1	

366. Ranches and Farms

farm	4 3 2 1		ranch	4 3 2 1	
CHALLENGE WORDS					
dairy	4 3 2 1		plantation	4 3 2 1	

367. Packing and Wrapping

pack	4 3 2 1		tape	4 3 2 1	
tie	4 3 2 1		wrap	4 3 2 1	

CHALLENGE WORDS					
bind	4 3 2 1		furl	4 3 2 1	
unravel	4 3 2 1				

368. Failure and Success

fail	4 3 2 1		succeed	4 3 2 1	
CHALLENGE WORDS					
bumble	4 3 2 1		bungle	4 3 2 1	
deserve	4 3 2 1		merit	4 3 2 1	
muff	4 3 2 1		quality	4 3 2 1	

369. Attitudinals (Fortunate/Unfortunate)

luckily	4 3 2 1		unfortunately	4 3 2 1	
CHALLENGE WORDS					
happily	4 3 2 1				

370. Magic

magic	4 3 2 1		trick	4 3 2 1	
CHALLENGE WORDS					
gimmick	4 3 2 1		stunt	4 3 2 1	

371. Disabilities and Diseases

blind	4 3 2 1		cold	4 3 2 1	
deaf	4 3 2 1				
CHALLENGE WORDS					
blindness	4 3 2 1		cancer	4 3 2 1	
influenza	4 3 2 1		lame	4 3 2 1	
mute	4 3 2 1		starvation	4 3 2 1	
stress	4 3 2 1				

372. Actions Related to Light

reflect	4 3 2 1		shine	4 3 2 1	
twinkle	4 3 2 1				
CHALLENGE WORDS					
brighten	4 3 2 1		flash	4 3 2 1	
glisten	4 3 2 1		glitter	4 3 2 1	
glow	4 3 2 1		illuminate	4 3 2 1	
lighten	4 3 2 1		radiate	4 3 2 1	
shimmer	4 3 2 1		sparkle	4 3 2 1	

373. Actions Related to Measurement

measure	4 3 2 1		weigh	4 3 2 1	
		CHALLENGE WORDS			
fathom	4 3 2 1				

374. Devices Used for Measurement

thermometer	4 3 2 1		yardstick	4 3 2 1	
		CHALLENGE WORDS			
compass	4 3 2 1		gauge	4 3 2 1	
measurement	4 3 2 1		scale	4 3 2 1	
speedometer	4 3 2 1				

375. Characteristics Associated With Weather

dry	4 3 2 1		overcast	4 3 2 1	
sunny	4 3 2 1				
		CHALLENGE WORDS			
arid	4 3 2 1		muggy	4 3 2 1	
sultry	4 3 2 1				

376. Products of Fire

ash	4 3 2 1		smoke	4 3 2 1	
		CHALLENGE WORDS			
cinder	4 3 2 1		ember	4 3 2 1	

377. Chemicals

caffeine	4 3 2 1		helium	4 3 2 1	
oxygen	4 3 2 1				
CHALLENGE WORDS					
chemical	4 3 2 1		cholesterol	4 3 2 1	
compound	4 3 2 1				

378. Guilt and Worry

guilt	4 3 2 1		shame	4 3 2 1	
worry	4 3 2 1				
CHALLENGE WORDS					
anxiety	4 3 2 1		anxious	4 3 2 1	
concern	4 3 2 1		humiliation	4 3 2 1	
suspense	4 3 2 1		tense	4 3 2 1	
uncomfortable	4 3 2 1		uneasy	4 3 2 1	

379. Irritability

grouch	4 3 2 1		grumpy	4 3 2 1	
rude	4 3 2 1				

CHALLENGE WORDS					
disagreeable	4 3 2 1		gruff	4 3 2 1	
grumble	4 3 2 1				

380. Excitement and Attention

amaze	4 3 2 1		excite	4 3 2 1	
surprise	4 3 2 1				
CHALLENGE WORDS					
amazement	4 3 2 1		appall	4 3 2 1	
astonish	4 3 2 1		astonishment	4 3 2 1	
awe	4 3 2 1		disbelief	4 3 2 1	
marvel	4 3 2 1		passion	4 3 2 1	
rejoice	4 3 2 1		thrill	4 3 2 1	

381. General Human Traits

skill	4 3 2 1		talent	4 3 2 1	
CHALLENGE WORDS					
attitude	4 3 2 1		capacity	4 3 2 1	
discipline	4 3 2 1		feature	4 3 2 1	
knack	4 3 2 1		manner	4 3 2 1	
personality	4 3 2 1		quality	4 3 2 1	

382. Experience/Expertise

beginner	4 3 2 1		expert	4 3 2 1	
CHALLENGE WORDS					
ace	4 3 2 1		amateur	4 3 2 1	
genius	4 3 2 1		novice	4 3 2 1	
pro	4 3 2 1		scholar	4 3 2 1	
specialist	4 3 2 1		veteran	4 3 2 1	

383. Promises

promise	4 3 2 1				
CHALLENGE WORDS					
guarantee	4 3 2 1		pact	4 3 2 1	
plea	4 3 2 1		pledge	4 3 2 1	
vow	4 3 2 1				

384. Definition/Meaning

define	4 3 2 1				
CHALLENGE WORDS					
definition	4 3 2 1		interpret	4 3 2 1	
meaning	4 3 2 1		represent	4 3 2 1	

385. Lack of Initiative

lazy	4 3 2 1				
CHALLENGE WORDS					
casual	4 3 2 1		dormant	4 3 2 1	
idle	4 3 2 1		lax	4 3 2 1	
listless	4 3 2 1				

386. Luck and Success

lucky	4 3 2 1				
CHALLENGE WORDS					
successful	4 3 2 1		unfortunate	4 3 2 1	

387. Stubbornness and Strictness

strict	4 3 2 1				
CHALLENGE WORDS					
grave	4 3 2 1		severe	4 3 2 1	
stern	4 3 2 1		stubborn	4 3 2 1	

388. Spirituality

holy	4 3 2 1				
CHALLENGE WORDS					
divine	4 3 2 1		pious	4 3 2 1	

continued →

religious	4 3 2 1		sacred	4 3 2 1	
skeptic	4 3 2 1		spiritual	4 3 2 1	
supernatural	4 3 2 1				

389. Caution

careful	4 3 2 1				
CHALLENGE WORDS					
careless	4 3 2 1		gingerly	4 3 2 1	
lax	4 3 2 1		painstaking	4 3 2 1	
prudent	4 3 2 1		reckless	4 3 2 1	
slack	4 3 2 1		stingy	4 3 2 1	
suspicious	4 3 2 1		wary	4 3 2 1	

390. Geometric Planes

sideways	4 3 2 1				
CHALLENGE WORDS					
broadside	4 3 2 1		diagonal	4 3 2 1	
horizontal	4 3 2 1		lateral	4 3 2 1	
perpendicular	4 3 2 1		vertical	4 3 2 1	

391. Water-Related Directions

afloat	4 3 2 1			
CHALLENGE WORDS				
ashore	4 3 2 1	downstream	4 3 2 1	
inland	4 3 2 1	midstream	4 3 2 1	
offshore	4 3 2 1			

392. Food Service Occupations

waiter	4 3 2 1	waitress	4 3 2 1	
CHALLENGE WORDS				
chef	4 3 2 1	dishwasher	4 3 2 1	
busboy	4 3 2 1			

393. Messengers

mailman	4 3 2 1			
CHALLENGE WORDS				
courier	4 3 2 1	postmaster	4 3 2 1	

394. Occupations Associated With the Outdoors

cowboy	4 3 2 1			
CHALLENGE WORDS				
cavalry	4 3 2 1	cowgirl	4 3 2 1	

continued →

cowhand	4 3 2 1		deckhand	4 3 2 1	
hunter	4 3 2 1		lumberjack	4 3 2 1	
miner	4 3 2 1		prospector	4 3 2 1	
rancher	4 3 2 1		shepherd	4 3 2 1	

395. People Who Buy and Sell

customer	4 3 2 1				
CHALLENGE WORDS					
agent	4 3 2 1		broker	4 3 2 1	
client	4 3 2 1		merchant	4 3 2 1	
seller	4 3 2 1		shopper	4 3 2 1	
vendor	4 3 2 1				

396. People Who Work in Offices

secretary	4 3 2 1				
CHALLENGE WORDS					
clerk	4 3 2 1		receptionist	4 3 2 1	
typist	4 3 2 1				

397. Occupations Associated With Transportation

pilot	4 3 2 1			
CHALLENGE WORDS				
aviator	4 3 2 1	driver	4 3 2 1	
porter	4 3 2 1	skipper	4 3 2 1	

398. Characteristics of Places

desert	4 3 2 1			
CHALLENGE WORDS				
landscape	4 3 2 1	mountainous	4 3 2 1	
rural	4 3 2 1	rustic	4 3 2 1	
urban	4 3 2 1	wilderness	4 3 2 1	

399. Medical Facilities

hospital	4 3 2 1			
CHALLENGE WORDS				
clinic	4 3 2 1	morgue	4 3 2 1	
mortuary	4 3 2 1	ward	4 3 2 1	

400. Monuments

monument	4 3 2 1			
CHALLENGE WORDS				
headstone	4 3 2 1		landmark	4 3 2 1
memorial	4 3 2 1		sphinx	4 3 2 1
tomb	4 3 2 1		tombstone	4 3 2 1
totem	4 3 2 1			

401. Business and Social Groups

audience	4 3 2 1			
CHALLENGE WORDS				
assembly	4 3 2 1		association	4 3 2 1
committee	4 3 2 1		company	4 3 2 1
convention	4 3 2 1		league	4 3 2 1
membership	4 3 2 1		organization	4 3 2 1
staff	4 3 2 1		union	4 3 2 1

402. Actions Associated With Crops/Soil

plant	4 3 2 1			
CHALLENGE WORDS				
cultivate	4 3 2 1		fertilize	4 3 2 1

harvest	4 3 2 1		irrigate	4 3 2 1	
plow	4 3 2 1		sow	4 3 2 1	
tend	4 3 2 1		till	4 3 2 1	

403. Force

force	4 3 2 1				
CHALLENGE WORDS					
energy	4 3 2 1		pressure	4 3 2 1	
propulsion	4 3 2 1				

404. Germs and Genes

germ	4 3 2 1				
CHALLENGE WORDS					
bacteria	4 3 2 1		microbe	4 3 2 1	
organism	4 3 2 1		virus	4 3 2 1	

405. Clarity

invisible	4 3 2 1				
CHALLENGE WORDS					
clarity	4 3 2 1		dim	4 3 2 1	
dull	4 3 2 1		faint	4 3 2 1	

continued →

murky	4 3 2 1		pale	4 3 2 1	
transparent	4 3 2 1		vague	4 3 2 1	
visible	4 3 2 1				

406. Clouds

cloud	4 3 2 1				
CHALLENGE WORDS					
cirrus	4 3 2 1		cumulus	4 3 2 1	
thunderhead	4 3 2 1				

407. Neatness/Sloppiness

neat	4 3 2 1				
CHALLENGE WORDS					
prim	4 3 2 1		shipshape	4 3 2 1	
sloppy	4 3 2 1		tangle	4 3 2 1	
tidy	4 3 2 1				

408. Creeping/Lurking Actions

crawl	4 3 2 1				
CHALLENGE WORDS					
creep	4 3 2 1		lurk	4 3 2 1	

prowl	4 3 2 1		slink	4 3 2 1	
slither	4 3 2 1		sneak	4 3 2 1	

409. Standing/Stationary

stand	4 3 2 1				
CHALLENGE WORDS					
pose	4 3 2 1		posture	4 3 2 1	
prone	4 3 2 1		recline	4 3 2 1	
straddle	4 3 2 1				

410. Branches of Mathematics

math	4 3 2 1		mathematics	4 3 2 1	
CHALLENGE WORDS					
algebra	4 3 2 1		arithmetic	4 3 2 1	
geometry	4 3 2 1		trigonometry	4 3 2 1	

411. Semi-Auxiliary Verbs

have to	4 3 2 1				
CHALLENGE WORDS					
had best	4 3 2 1		had better	4 3 2 1	

412. Events and Dates (General)

event	4 3 2 1				
CHALLENGE WORDS					
affair	4 3 2 1		circumstance	4 3 2 1	
development	4 3 2 1		experience	4 3 2 1	
happening	4 3 2 1		incident	4 3 2 1	
occurrence	4 3 2 1		project	4 3 2 1	
situation	4 3 2 1				

413. Political Events

vote	4 3 2 1				
CHALLENGE WORDS					
ballot	4 3 2 1		campaign	4 3 2 1	
elect	4 3 2 1		nominate	4 3 2 1	
voter	4 3 2 1				

414. Products Associated With Fire

pipe	4 3 2 1				
CHALLENGE WORDS					
cigar	4 3 2 1		cigarette	4 3 2 1	
tobacco	4 3 2 1		wick	4 3 2 1	

415. Paint

paint	4 3 2 1			
		CHALLENGE WORDS		
dye	4 3 2 1		enamel	4 3 2 1
lacquer	4 3 2 1		stain	4 3 2 1
tint	4 3 2 1			

416. Actions Related to Fear

scare	4 3 2 1			
		CHALLENGE WORDS		
cringe	4 3 2 1		flinch	4 3 2 1
haunt	4 3 2 1		horrify	4 3 2 1
petrify	4 3 2 1		startle	4 3 2 1
terrify	4 3 2 1		wince	4 3 2 1

417. Envy and Jealousy

jealous	4 3 2 1			
		CHALLENGE WORDS		
envy	4 3 2 1		grudge	4 3 2 1
jealousy	4 3 2 1		possessive	4 3 2 1

418. Electricity and Magnetism

magnet	4 3 2 1				
CHALLENGE WORDS					
charge	4 3 2 1		electric	4 3 2 1	
hydroelectric	4 3 2 1		microwave	4 3 2 1	
radiation	4 3 2 1		radioactive	4 3 2 1	

419. Machines

machine	4 3 2 1				
CHALLENGE WORDS					
apparatus	4 3 2 1		appliance	4 3 2 1	
clockwork	4 3 2 1		contraption	4 3 2 1	
equipment	4 3 2 1		gadget	4 3 2 1	
hardware	4 3 2 1		machinery	4 3 2 1	
mechanical	4 3 2 1		rig	4 3 2 1	

420. Vision-Related Equipment

camera	4 3 2 1				
CHALLENGE WORDS					
binoculars	4 3 2 1		eyepiece	4 3 2 1	
lens	4 3 2 1		microscope	4 3 2 1	
telescope	4 3 2 1				